抗日英雄小故事系列

武士敏

周东升　汪铮/主编

汪倩秋/编著

团结出版社
UNITY PRESS

图书在版编目（CIP）数据

武士敏/汪倩秋编著.---北京：团结出版社，
2015.6（2021.9重印）
（抗日英雄小故事系列/周东升，汪铮主编）
ISBN 978-7-5126-3669-9

Ⅰ.①武… Ⅱ.①汪… Ⅲ.①武士敏（1892～1941）
–传记–青少年读物 Ⅳ.①K825.2-49

中国版本图书馆CIP数据核字（2015）第134005号

出　　版：团结出版社
　　　　　（北京市东城区东皇城根南街84号　邮编：100006）
电　　话：（010）65228880　65244790（出版社）
　　　　　（010）65238766　85113874　65133603（发行部）
　　　　　（010）65133603（邮购）
网　　址：http://www.tjpress.com
E-mail：zb65244790@163.com（出版社）
　　　　　fx65133603@163.com（发行部邮购）
经　　销：全国新华书店
印　　刷：天津兴湘印务有限公司

开　　本：670毫米×960毫米　16开
印　　张：8.75
字　　数：83千字
版　　次：2015年6月　第1版
印　　次：2021年9月　第4次印刷

书　　号：978-7-5126-3669-9
定　　价：29.80元

目　录

001

抗日英雄
武士敏

抗日英雄
小故事

抗日英雄

武士敏

第一章　意气风发的少年时期

第一节　家庭富裕开明

武士敏，字勉之，1892 年 10 月 26 日生于河北怀安（察哈尔省撤销前怀安县归察哈尔省）一个名叫柴沟堡的集镇。柴沟堡镇地处长城脚下，在北京通往包头的铁路线上，交通发达，是张家口地区生产交易粮食、皮货的商业大镇，很多货物都是经过它通过平绥铁路运往天津。同时，柴沟堡又是清朝末年的一处屯兵之所。19 世纪末 20 世纪初，中国彻底沦为半封建半殖民地的国家，不仅受到外国帝国主义国家的侵略，国内也一直内战不断，人民生活在水深火热之中。在这样的国情下，无数的爱国青年，前赴后继，为寻求拯救中华民族的真理，进行着英勇不屈的斗争。当时的柴沟堡就是时代斗争脉搏下非常敏感的一个地方，武士敏从小便受到了这一时代特定环境熏陶和政治变革的影响。

武士敏的父亲武杰是柴沟堡一个经营粮业和粮食加工粮油生意的富商，在怀安县商界颇有些名气。因为生意往来，武杰经常到平津等大都市去采购货物，所以武杰的阅历非常的丰富，见多识广，思想也很开明。同时，武杰也是很有远见的一个人，他没有让儿子武士敏承袭自己的事业，跟着他一辈子当伙计。武杰坚持让儿子念书，想要将他培养成为一名饱学之士，在经世福民方面多做贡献。武杰一家虽然富有，但生平非常节约，对于教育养育子女更不惜费用。在父亲的安排下，幼年的武士敏受到了良好的教育，自小就在私塾念书，熟读四书五经，系统地学习过传统文化。

几个月读下来，私塾先生就说武士敏是个少见的聪明孩子，读书又极其用功，小小年纪居然捧起《论语》来读，还能站在私塾先生面前，摇头晃脑地大段大段地熟练背诵。

有一天，私塾先生给武士敏教八股文，对他说："你聪明过人，如果能够刻苦读书，将来必能金榜题名，科举高中。"

武士敏问："这八股文中可有打败八国联军的办法？"

先生很诧异，武士敏放下手中的笔说："国难当头，好男儿应当征战沙场，怎么能只是作八股文。"先生觉得武士敏很有出息，便去对武士敏的父亲说："这个孩子一定要好好培养，让他多读书，多见见世面，必成大器。"于是，武士敏的父亲更加全力支持武士敏读书。后来，武士敏进了县高等小学，在1908年，武士敏考入宣化中学堂。

1911年，辛亥革命成功后，清王朝退位，外蒙古宣布独立。1911前，外蒙古与内蒙古同属于中国的一部分，统称蒙古。后来，外蒙古脱离大清国的统治，成为一个独立的国家。察哈尔省（今天的河北省）接近"蒙古"，在"蒙古"各行各业工作的察哈尔人不下数万，外蒙宣布独立后，他们的利益都遭到了不同程度的损害。因此，山西省和当时的察哈尔省都有征讨外蒙古的议论。宣化中学的学生们自动组织了征蒙先锋队，有三分之二的学生参加征蒙先锋队。武士敏也参加了反对沙俄策划外蒙独立的"征蒙先锋队"，并在这个组织里表现得特别积极，每天都在操场上苦练卧倒、射击。

对于儿子武士敏表现出的爱国热情，父亲武杰从不过多干涉，是默许的。但是当时的袁世凯政府既没有解决外蒙独立这个问题的决心，也没有任何具体措施。一群青年学生也无能为力，征蒙先锋队这个组织后来也就自动解散了，但这次行动为武士敏后来带兵打仗打下了基础。对于武士敏之后的参军，武士敏的父母更是全力支持，视儿子为国家的儿子，任由他征战南北。在武杰去世后，武士敏曾想留在家照顾母亲，武士敏的母亲不答应，给武士敏讲述了父兄的期望，告诉他男儿要志在四方，不能只留在家园，没有作为。在抗日战争最激烈的时期，武士敏的母亲更勉励儿子："国难当头要全力抵御外来侵略，不要留恋家庭。"正是有了如此开明的父母，武士敏才能在今后的从军生活中做出一番了不起的成绩。

第二节　为人正直仗义

武士敏是家里的独子，从小受到家人的钟爱。开明、没有严格封建礼教管束的家庭，养成了武士敏豪爽不羁、慷慨大方、直言无隐的性格。性情豪放的武士敏喜爱舞刀弄枪，崇拜岳飞、杨家将等民族英雄，颇为看重义气，肯为朋友两肋插刀，有塞外汉子行侠仗义的作风。在学校时，武士敏又特别的乐于助人，关心同学，常常拿出家中给的生活费来资助经济困难的同学。

1908 年，武士敏考入宣化府唯一的最高学府——宣化官立中学堂。在宣化中学住校期间，从小喜欢舞枪弄棒的武士敏每天早上 6 点起床，积极参加体育锻炼，即使严寒凛冽，也从不间断，把自己锻炼得身强力壮。在同学中见到以大欺小的事，武士敏也常常挺身而出，打抱不平。

抗日英雄
武士敏

　　有一次，武士敏的一个好朋友，被当地一个小军阀给打死了。这个军阀，在当地是一个非常有名的地方霸主，衣着十分讲究，说话走路拿腔、拿范儿，手段黑辣，经常欺压百姓，是个人见人怕的大恶人。知道事情经过的同学听到武士敏好朋友被军阀打死的事，便将这一消息告诉了武士敏。武士敏一听说，毫不畏惧，提着枪就冲到了这个小军阀租住的旅馆中，直奔小军阀住的房间，叭叭几枪，准确无误地把那个小军阀打死了。当地的老百姓知道了平日凶恶的小军阀遇害了，十分高兴欢喜，请来鼓乐队，敲锣打鼓给武士敏送去了鸡蛋、蔬菜等各种食物，并对他表示了感谢。对于这件事，至今当地的老百姓还在议论和称赞。

从宣化中学毕业后，一部分同学受到校长的鼓舞，去北平报考北京大学，武士敏认为没有知识就不能在社会上有所作为，准备去天津投考北洋政法专科学校，武士敏的决定得到了父亲武杰的支持。当时，有些家里特别困难的同学，找亲朋借钱支持后，费用依然不够，武士敏便和父亲商量，拿出家中的钱，资助了许多同学。在去考学前，准备去天津的武士敏怕别人欺负还很书生气的同学，就先陪大家一起去北平。果然，当一行学生到了西直门车站下车，有两三个小流氓看见武士敏一群学生是从塞外来的土头土脑的外乡人，就过来要抢大家的行李。小流氓刚要动手，武士敏就一个箭步冲了出去，顺势抓住一个小流氓的左手，往小腹上"腾"地一脚，就将来抢行李的人踢倒在地。小流氓们一看势头不对，都吓得灰溜溜地跑了。通过这一件事，一路同行的同学对武士敏更是充满了感激之情。

有一次，武士敏和几位好友在一个傍晚由武昌渡江去汉口，不慎堕落江心被水冲去，顺流被水冲走一里多路，相当危险。因为天色已经非常晚了，武士敏的好友无法展开营救。几位好友只好边走边寻找，到了汉口，实在找不到武士敏。好友们都非常伤心，准备为武士敏开追悼会。谁知道，武士敏却穿着湿漉漉的破棉袍子跑回了居住的寓所。原来，武士敏落水后，被冲了很远，冲到靠近北岸的时候，幸运地被一个渔民救起。等到武士敏苏醒过来，他感谢了渔民的搭救之恩后，害怕友人担心，又匆匆跑来寓所。一时间，大家破涕为笑，便将追悼会改为欢庆会，为武士敏遇难不死而感到庆幸。事后，为了感激渔民的救命恩情，武士敏多处寻访救他的渔民，但都没有找到。半个多月过去了，武士敏通过当地的挑货郎的描述，才找到了搭救他的渔民。见到渔民后，武士敏当即拿出了身上的大部分盘缠，给了渔民，用来表达自己的感谢。武士敏知恩图报的故事，也在好友中被传为一时的佳话。

第三节　积极参与反袁活动

武士敏从小喜好习武，经常将杀敌报国来自我勉励。他积极地学习，立志读书深造，然而国难当头，武士敏却义无反顾地投笔从戎，决心救国救民。

1911 年 9 月，武士敏考上天津北洋法政专科学校，该校是河北省直隶的一所历史悠久的学校。教员中有不少同盟会会员和进步人士，李大钊就是该校第一届的毕业生。辛亥革命时，在滦州起义被王怀庆杀害的白雅雨也是该校的同盟会骨干。在校期间，正值孙中山领导的反对满清政府的革命运动蓬勃发展的时候，武士敏受孙中山先生三民主义的革命思想的影响，参加了革命同盟会，并决心一定要为打倒袁世凯出把力。

1914年9月，就在武士敏要毕业的那一学期，历史教员王试功当选为参议院议员，代他来的是一位从北洋五省师范毕业的怀来县人程学斋先生。程学斋先生讲到现代史的最后一章，很严肃沉痛地讲了一段话，他说："袁世凯利用革命的纷起，压迫清廷；又利用北洋六镇，威吓革命，从而篡夺了政权。但他绝不以总统为满足，一定在三五年内，自己重新制定帝制！但遇到这一事变，四万万人声讨袁贼是都有责任的！同学们，记着我的话，希望你们早做准备，届时行动起来！如果我的话到时不应，那么，不是历史无用，是我不配讲历史，你们人人都可以打我的嘴！"这话感动了班上的同学，也深深地感动了讲台下的武士敏。

1915年，辛亥革命的革命成果被袁世凯窃夺，袁世凯试图阴谋复辟帝制，引起了全国革命力量的反对。国难当头，武士敏和许多同学认为，不能埋头读书，应当努力寻找报国的道路，以便早点投身于资产阶级民主革命的广阔海洋，在实践中积累政治经验，为革命贡献自己的一点力量。这个时候，武士敏又看到了一张征兵布告。一看见布告，武士敏就激动了。可是武士敏是家中独子，想到家中的父母，武士敏犹豫了。但是，武士敏转念又想，都知道打仗要死人，但没有人去死，国家、民族怎么办？舍小家，顾大家，有什么不值得？想到这一点，武士敏更加肯定了自己的决定，自告奋勇、积极地报了名。

随后，武士敏毅然从天津北洋法政专科学校退了学，放弃了接受高等教育的机会，迅速赶往了西安，为革命奔走宣传。尔后，武士敏回到怀安县家乡后，开始了积极的革命活动。武士敏退学参加革命的消息被父亲武杰知道后，父亲武杰非但没有责怪，反而从内心感到欣慰地说："是个男子汉！"

武士敏退学回到家乡的这一年冬季，他跟随族兄武士鉴到山西交城县，并在族兄的推荐下，担任了县盐厘局的办事员。武士敏当办事员不足两个月，袁世凯复辟帝制活动便开始越来越猖獗，国内反对的声音也越来越多。由此，武士敏预感到讨伐袁世凯的时机必将到来。于是，武士敏辞去了办事员的职务，在亲人的介绍下，转任了太原宪兵营上士司书的职务。在宪兵营里，武士敏结识了革命党人郭宗道。从此，武士敏便开始了革命事业。

郭宗道早年参加辛亥革命，先在江西一带协助江西督军李烈钧策划反袁活动，后又到了云南，受蔡锷护国军的委托，秘密回到山西想要联络阎锡山一起反对袁世凯的帝制。然而，阎锡山当时没有倒袁的决心，又受到巡按使金永的巡防队的威胁，便将郭宗道拘捕关押了。武士敏一直以来都十分同情反袁人士，在了解了郭宗道的来历和案由后，便对郭宗道格外热情，处处照顾他，并经常和他谈心。在牢狱中，武士敏常常为郭宗道传送信息，并把自己每月薪饷的十几元钱都用来照顾郭宗道，更千方百计营救，想要让郭宗道尽早脱离险境。在武士敏四处奔走的积极营救下，郭宗道终于被安全释放。之后，武士敏辞去了太原宪兵营上士司书的职务，随同郭宗道一起到了北京，投身声势浩大的讨袁护国运动。在郭宗道的介绍下，武士敏结识了山西革命人士续西峰、续范亭、弓富魁、南汉宸等，也成为山西反袁派的一员。

　　1915年4月，为讨伐袁世凯，孙中山任命居正为中华革命军东北军总司令，派往青岛策动反袁的行动，并特地通告山东、河北、山西各省的同志："……云贵军力量是非常有限的，胜败的机会，还难以预料。所以如果想要缩短战争的时间，保全国家的元气，达到事半功倍的效果，得以从危难中解救出来，除非从根本上推翻袁世凯不可……"武士敏一面积极地响应了孙中山的号召，特地变卖了一些祖产，赶往山东，拜见了居正，帮助他出谋划策，并提供了许多军饷。武士敏又一面与家乡的志士秘密联络，暗中帮助塞外义军总指挥弓富魁从事反袁活动。袁世凯的爪牙得到这一风声，千方百计地想要诱捕武士敏。但由于武士敏已经事先察觉，在友人的协助下，巧妙地躲避了提捕，所以没有让其阴谋诡计得逞。1915年6月，袁世凯死后，黎元洪继任大总统，恢复国会工作，义军停止活动。续西峰当选为国会议员，武士敏也回到北京，协助续西峰工作。

第四节　追随孙中山先生的革命思想

袁世凯复辟帝制的行为激起了全国人民的无比愤怒，1916年6月6日，袁世凯在全国人民的声讨声中忧惧而死。袁世凯死后，没有人具有足够的能力去统领整个北洋军队及政权，北洋军阀集团各领导人以省割据，以军队为主要力量在各省建立势力范围，除了滇、桂、粤、晋等军阀割据一方，称王称霸外，北洋军阀逐渐分裂成三大派系，即段祺瑞的皖系，张作霖的奉系，吴佩孚的直系。从此割据的军阀之间为争夺权力，矛盾重重，连年混战，斗争十分激烈，最终不得不走向分裂。在这些实力派的操纵下，中华民国北京政府总统频频更换，从黎元洪到冯国璋，从徐世昌到曹锟。

武士敏青年时代，是一个有思想、有见识、有胆略、立志献身民主革命的热血青年。1917年，武士敏到陕西参加了反对北洋走狗陈树藩的靖国军，结识了国民党元老于右任先生、胡景翼先生及杨虎城将军，并接受他们的委托，在1918年底，到广东革命根据地拜见了孙中山先生。孙中山先生见武士敏是大学生，并且年轻有为，聪慧好学，不由得大加赞赏。孙中山先生驱除鞑虏，恢复中华，建立民国，平均地权，民族、民权、民生的三民主义，让青年的武士敏心中汹涌澎湃，他在心中暗暗立志一定要像孙中山一样胸怀报国的壮志，要用自己的生命去改变贫穷落后的旧中国。临别时，孙中山先生又送给武士敏八百元的费用，让武士敏去苏联深造，以便回来更好地为革命服务。在广东，武士敏还拜访了不少革命同志。武士敏回到陕西复命后，正筹划去苏联的深造，忽然收到父亲武杰病故的消息，因此推迟了去苏联的计划，打算办完丧事后，再寻求机会去苏联。

北洋军阀的黑暗统治激起了全国各族人民的反抗，以孙中山为首的代表民族资产阶级利益的革命者再次被推到时代的风口浪尖上。1918年，孙中山在广州竖起护法大旗，就任大总统的职务，号召全国反对北洋军阀。陕西革命党人张义安在陕西三原起义，组织靖国军，反对隶属于北洋军阀段祺瑞系统的陕西督军陈树蕃。陈树蕃的部下胡景翼、卢占魁等因为不满陈树蕃私自种植鸦片，无理克扣军饷，乱征收百姓的税收，因而先后宣布独立。杨虎城、樊钟秀等均率领自己的部队参加了靖国军。最初，大家拥护胡景翼为总司令，后来因为张义安临阵捐躯，临终前主张"快请于右任回来领导"，因此，于右任由上海返陕，并任靖国军总司令。在塞外的武士敏受胡景翼的委托，与续西峰、弓富魁也都到了陕西，并推荐自己曾经任职过卢占魁率领的蒙古骑兵参加靖国军。

抗日英雄 武士敏

　　卢占魁的部队大都为蒙古骑兵，精于马上射击，一向骄悍难以驾驭！武士敏在卢占魁的部队任职时，最擅长于骑马和射击，又有着很高的威望。武士敏经过认真考虑，认为如果要克制这个部队的骄悍，必先以自己优良马上射击能力使其折服。于是，他也骑上马参加驰骋比试射技和武艺，当人们敬佩他深藏不露的绝技的时候，武士敏抓住了这一时机，对大家说："参加革命义军为的是救国安民，必须有严明的军纪，不可随意破坏法律成为祸国害民的人。"在武士敏开诚布公的开导下，大家都有所感悟，一齐拍手鼓掌，呼声震天。这一支部队的干劲越来越足，纪律越来越好，逐渐地成为了一支训练有素的部队。靖国军全军有三万多人，分为七路部队，卢占魁的部队被编为第六路。

靖国军占领了陕西的关键地区，对北洋军阀陈树蕃形成包围。北洋政府派河南镇嵩军刘镇华率领部队开赴陕西进攻靖国军，并发动了几次进攻。几次战斗均被靖国军击退，尽管北洋军阀的部队有北洋政府的不断增援，但靖国军仍凭其精神毅力，努力支撑，毫不屈服。陕西局势让北洋政府感到非常的忧虑和有压力。孙中山先生在写给邓宝珊的信中对靖国军给予了高度评价："陕西靖国军起义以来，血战历年，苦心孤诣，中外共知……"

1921年，直系军阀为消灭靖国军调集四万多人的兵力，准备攻打武功县。面对直系军阀几倍于己的兵力，靖国军最终因为寡不敌众而失败，陕西终于停战。在于右任"为保存一点西北革命的种子"的提议下，剩余部队由杨虎城率领向凤翔及陕北转移，并护送于右任经甘肃赴四川见孙中山，请示今后工作。

第五节　严厉处置贪官污吏

1921年，冯玉祥被任命为陕西的督军。冯玉祥任职后，把剩余的靖国军改编为陕军暂编第一师，任命胡景翼任师长。

潼关镇的守使张锡元被任命为察哈尔的都统，张锡元的朋友张璧和郭宗道先后被任命为警务处长和实业所长。他们都是武士敏的好朋友，劝武士敏留在老家察哈尔协助他们开展工作，并任命他为丰镇县警察局长。面对朋友们浓厚的情意，武士敏感到难以推辞，只得接受了大家的推荐。

　丰镇县属于察哈尔的特别区，也是察西镇守使衙门的驻地。丰镇的商业贸易非常发达，是粮食的集中地，大粮行很多，其他商业也很发达，饭馆、烟馆、戏园子、赌场、妓院一应俱全，是个复杂难以管理的地方。同时在这样的环境里，警察局长也是一个很有油水的差使。尤其是特别区内的警察所，是一般警察所没有办法去比较的。镇守使叫乔建才，是个 70 多岁的老军官，早年曾在镇压过太平天国的晚清将领向荣的部队当过兵，不识字，也没有学问，只知道吃喝玩乐，丰镇剧团的女演员都要认他为义父。乔建才与丰镇保安团长武万义勾结起来，敲诈勒索，向百姓收取保护费。百姓若是不照办，乔建才等人便会派出打手骚扰、恐吓他们，甚至破坏百姓们的货品、财物，令他们无法安心开业。有些商户因为被索取高昂的保护费而导致入不敷出，被迫结业，真是无恶不作。乔建才等人还把自己的亲朋好友安插在警察局里，并在警察局里培养起了很多亲信。如果警察局局长对乔建才、武万义的命令坚决服从，并与其互相勾结干坏事的话，就能保住官位，否则就在警察局局长的位

抗日英雄

武士敏

置上待不长，甚至还有遭到暗害的危险。

武士敏了解到这些情况后，从思想上就对乔建才等人的行径极端厌恶和痛恨，非常痛恨这些贪官污吏，决心把丰镇加以整顿。武士敏到任后办的第一件事就是给所有警局的公职人员颁布了"三不准"的规定，即是不准贪污、不准嫖娼、不准赌博，对一切案件依照公认的道理或公平的标准处理，不论什么人，一律平等看待。有一次，把守西门的巡官私放鸦片，合伙瓜分得来的钱物，武士敏知道这件事后，立即派人拘捕了这个巡官，并送交县署法办。由于这个人是镇守使的族孙，于是，武士敏无意中便得罪了镇守使。然而，武士敏并没有因为对方是镇守使的亲属而放手不管，任由他为非作歹，依然照办不误。武士敏依法办理执行公务的做法严重地损害了镇守使乔建才和地方保安团团长武万义的利益，双方矛盾变得越来越尖锐，乔建才与武万义视武士敏为眼中钉。同时，武士敏手下的警官、警察，也由于他严格的管理，过去能捞的外快也捞不到了，逐渐对武士敏的工作也不太支持。再加上察哈尔都统张锡元派到丰镇的部队头头张华亭也和乔建才、武万义聚在一块同流合污，武士敏只好辞职不干。在丰镇只干了四个月，武士敏又回到了张家口。后来，武士敏又回到胡景翼的师里，开始担任谘议的职务。

第二章　开始戎马生涯

第一节　组织骑兵分队

1922 年，冯玉祥接任豫督，踌躇满志地来到河南，准备大干一番，但五个月后，冯玉祥即被调离。因为冯玉祥不是吴佩孚嫡系，其间又多次拒绝吴佩孚要求筹款提供军饷的要求。同时，为了增加兵力，冯玉祥还另外扩编了几个补充团。看到冯玉祥扩兵后，吴佩孚有些后怕。为了防止冯玉祥的势力不断扩大，吴佩孚给了冯玉祥"陆军检阅使"的空头名衔，将其调到北京。冯玉祥闲居北京南苑，无实权无地盘，但手中有三万兵将，"穷困的陆军检阅使"开始了练兵等机会的生活。

1923 年 10 月 5 日，曹锟当上了总统。9 月 15 日，军事力量越来越强大的张作霖向直军宣战，张作霖自任总司令，分兵三路，入关讨伐曹锟。总统曹锟急忙任命吴佩孚为讨伐军总司令，分兵三路迎击奉军。直奉双方全力拼杀，展开了一场残酷激烈的殊死搏斗。1924 年 9 月 18 日，冯玉祥在以孙中山为首的国民党的推动下，10 月 23 日悄悄率领军队班师回京，和孙岳、胡景翼一起发动了"北京政变"，推翻了反动军阀直系集团的统治，一举扣押了总统曹锟。曹锟的失败大大动摇了直军的军心，吴佩孚最终失败，仓皇从海上南逃。

1924 年 11 月，冯玉祥宣布脱离直系，组建了在北方有重要政治影响的军事政治集团——国民革命军，成为军政界大腕。参加政变的军队被统一编为"中华民国国民军"，冯玉祥任总司令兼第一军军长，胡景翼任副总司令兼第二军军长，孙岳任副总司令兼第三军军长，控制北京、河北、河南等地。冯玉祥在北京政变后说："因为我们这次革命是拥护孙中山先生主义，并拥护中山先生北上。中山先生领导的党叫国民党，所以，我们的队伍也就取名为'国民军'。"

也是在 1924 这一年，面对风起云涌的"北京政变"，再次准备留学的武士敏毅然推迟了留学苏联的计划，参加国民军起义工作，四处奔走，联络冯玉祥、胡景翼、孙岳等部队，为国民军起义做了大量的工作。

之后，武士敏不为名利所动，不顾北洋直系军阀曹锟、吴佩孚的侦缉追捕，耗尽家资，变卖父亲留下的房子，奔走在绥远、察哈尔一带，收集了流散在各地的革命部队和有志之士，决定用自己的力量建立一支部队。可是，组织一支什么样的部队比较好呢？这让武士敏犯难了。

武士敏的家乡地处河北省西北部，是河北、山西、内蒙古三省区交界处，山地非常多，山高坡陡，灌木丛生，车进不去，人走不了。国民军的部队尽管装备很先进，但进山入林不会骑马，机动性赶不上当地的牧民骑兵队。有一次战斗，国民军奉命向 70 公里外的林区开进，在崎岖的山路上，运兵车颠簸了 20 多公里就没有了车道。官兵们只好背着几十公斤重的军用装备弃车步行。山高林密坡陡，余下 40 多公里山路，官兵们整整走了 11 个小时才到达目的地。而在 4 个小时前，当地牧民民兵队已经骑马赶到目的地，及时开始了战斗。经过长途跋涉的官兵只是匆匆结束了战斗。

"不会骑马贻误了战机"，这种被动局面还体现在其他领域。每次进山，当地牧民们骑上马就"没影了"。结果，徒步巡逻的国民军官兵，遇有情况总是"慢半拍"。说者无心，听者有意。一个大胆的想法在武士敏的头脑里冒了出来：组建一支骑兵队！对！组建骑兵队！武士敏感到异常的兴奋，骑兵有三个基本特性：一是具有很大的快速性；二是能够将很大的机动性与包含广泛使用火力和其他技术兵器的乘马毁灭性突击结合起来；三是全体人员非常紧密的团结。因此，当时北方的武装力量体系中都必须有那样的骑兵，同时骑兵的一些优越的特性也深深地吸引了武士敏的视线，所以他更坚定了成立一支骑兵分队的信心。

为了组建骑兵队，武士敏一匹匹地挑马，挑出的八十匹战马体膘好，耐力强。蹄声响起，尘土飞扬。随着指挥员口令，官兵们驾驭战马前进、停止、后退和转弯，队形横、竖、纵、方都整齐划一，气势恢宏。很难想象，组建时间并不长的骑兵分队，却如此训练有素。开展骑马训练，难度和风险都很大。为确保安全，预防摔伤等事故发生，武士敏又请了当地牧民为教练，将骑马训练分成多个课目，循序渐进。经过艰苦训练，官兵们很快乘马越壕沟如履平地，基本实现"人马合一"。

后来，武士敏组建的这支骑兵队被扩编为骑兵旅，隶属国民革命军第三军骑兵第一中队，由武士敏任旅长。这是武士敏由从事革命活动转任军旅作战的开始，此后武士敏便开始了自己的戎马生涯，转战于冀、鲁、豫，与北洋军阀多次作战，功勋卓著。

骑兵队对当地百姓的生活起到了一定的积极作用。这一年冬天，成立不久的骑兵分队，迎来了第一场战斗。一场突如其来、百年不遇的暴风雪侵袭了武士敏家乡的宁静，百余个村庄成为"雪海孤岛"，几万百姓的生活用品、食品短缺。大雪封路，救援物资无法通过人力运送到灾区。关键时刻，武士敏派出了自己的骑兵分队，200 余名精兵强将紧急出征。经过 37 个小时的长途跋涉，骑兵分队官兵顺利将 4 吨多的粮油、食品、牲畜草料等救灾物资送到了大山深处的百姓家中。

第二节　去苏联学习

国民军起义成功后，因为武士敏在反对曹锟为首的北洋军阀工作中有功，胡景翼就任河南督办后，请他出任省会开封的警察厅厅长。武士敏因为许多察哈尔、绥远的许多革命同志流散各地还没有被安排工作，于是便委婉推辞了胡景翼的邀请。1925年，孙传芳击败奉军，退到了江苏和安徽一带。国民军分别攻击冀、鲁，武士敏奉命出兵沧州，率领自己的骑兵队攻克沧州，截断了津浦路，有力地配合国民军攻取了天津，显示了他卓越的军事指挥才能和献身精神。1925年10月，直系吴佩孚联络奉军张作霖共同对付冯玉祥，国民军不堪奉、直两军包围攻击，只好退守南口。

国民军防守南口失败后，武士敏便率领自己的骑兵中队撤退到绥远五原一带。1926年1月在奉、直军联合进攻下，国民军再次受挫，冯玉祥本人被迫通电下野，准备赴苏联考察。武士敏看到军阀混战，人民流离失所，生活于水深火热之中，他的心中感到十分难过。苏联十月革命的胜利，给遭受失败的国民军全体官兵以极大的鼓舞，这也再次激起了武士敏的斗志。

1926年，冯玉祥因为受到中国共产党的影响，为了使国民军的将领和高级行政官员学习苏联革命胜利的经验和国家建设的伟大成就，组织了与鹿钟麟为团长的赴苏参观团，转往苏

抗日英雄
武士敏

联考察学习俄国革命艰苦奋斗的经验。这年中秋，武士敏响应冯玉祥将军的号召，积极地参加了以鹿钟麟为团长的赴苏考察团，南汉宸、刘仲华等同共产党人一同赴苏联学习考察。代表团由蒙古入境，途径苏联布里亚特，沿着西伯利亚铁路向莫斯科前进。所到之处都受到了苏联人民的热烈欢迎，到了莫斯科，欢迎仪式变得更加的隆重。

在苏联，武士敏等一行人考察了9个多月，会晤了苏联方面的党政要人。代表团赴苏后考察了军事、政治，并参观了军事学院，观摩了骑兵、步炮兵的联合军事演习。鹿钟麟等人更注意军事，然而，武士敏却认为工业不仅是军备的源头，还可以在回国后建设国家时加以借鉴，因而只有武士敏特别注重工

抗日英雄
小故事

业建设。考察期间，代表团多次与苏联最高军事委员会进行会谈，并一再表明冯玉祥的革命立场坚定，以及西北军的革命意志。最后，苏联方面终于同意继续为西北军提供武器援助，同时还愿意增加四个旅的武器装备。

8月中旬，冯玉祥从苏联回国，被广州国民政府任命为国民政府委员、军事委员会委员。冯玉祥从苏联返回抵达五原后，被国民军各将领推戴为国民联军总司令。在苏联和中国共产党的共同帮助下，1926年9月17日，冯玉祥在绥远五原（今属内蒙古）通电，誓师宣告遵奉三民主义，为促进中国的自由平等而奋斗，宣誓就任国民军联军总司令，正式宣布全体将士集体加入中国国民党，参加国民革命，开始北伐。武士敏也参加了五原誓师大会，并在大会上发表了演讲，他说："国民军的目的，以国民党的主义唤起民众，铲除卖国主义，打倒帝国主义，以求中国之自由，并联合世界上以平等待我的民族，共同奋斗，死生与共，不达目的不止。"这一番慷慨激昂的演说，赢得了大家热烈的掌声。

中国国民党中央执行委员于右任，以党代表身份授旗，各将领参加了国民党举行的中国国民党国民联军党代表大会，成立党部。武士敏、赵守钰、石敬亭等11人当选为执行委员。冯玉祥、于右任、徐谦等五人当选为监察委员。

第三节　入西北军后屡立战功

武士敏从苏联回国后，杨虎城托人挽请武士敏加入西北军。武士敏因为在第一次大革命失败后，深受杨虎城将军的影响，思想倾向进步。于是，接到杨虎城的邀请后，武士敏立即决定出任 17 军第一师第二旅旅长，从此武士敏开始了他在国民革命军第 17 路军的军旅生涯。在西北军中，杨虎城很欣赏武士敏豪爽、仗义的为人，不久便提拔其为核心将领。武士敏

就任以后，首先对部队严肃地申明纪律，勤加训练，特别加强了部队的思想政治工作。一番整顿后，武士敏的部队成为了当时的一支劲旅，在胶东剿匪战斗中屡立战功。

当时在山东鲁南有惯匪刘桂堂，外号刘黑七，有土匪约六七千人，加上顾震等几股惯匪盘踞沂蒙山区，共几万多人。土匪们无恶不作，经常以莒县为中心，在胶东各县进行奸淫掳掠，烧杀了附近七十多个村庄，绑架了八九百个人质。如果绑架的人质家属拿不出赎金，土匪们便将人质杀害，甚至残忍地对人质剖腹截肢，并将尸体抛弃在荒野中。当时，刘黑七和顾震匪之间经常相互通告消息，因而当地的剿匪工作变得非常困难。地方政府虽然多次派兵进剿，但是几次都是以失败告终。

杨虎城 17 军来到山东胶东，当地乡绅和老百姓听到这个消息后，都感到欢欣鼓舞，希望 17 军能够剿灭匪患，保护一方百姓的平安。为了剿灭这两股匪徒，杨虎城召集了 17 军的将士们共同商议，讨论剿匪的事宜。武士敏在会议上提出了"远交近攻"的策略，即是先派人和顾震联系和解，约定彼此互不侵犯。稳定住顾震后，我方部队先剿灭刘黑七的部队，再乘着胜利，清剿顾震一方。杨虎城听到武士敏的提议后，拍手叫好，当即决定采用。于是，杨虎城先派人与顾震讲和，约定互不侵犯，并划定诸城一带为其势力范围。

抗日英雄
小故事

　　3月6日，杨虎城先派部下赵寿山旅剿灭刘黑七的匪帮，大店镇的土匪被我军包围。官兵血肉相搏，奋不顾身，土匪大败溃退。至下午，第一团攀梯先登，第四团继进，顺利将刘黑七的守地攻破。赵寿山乘胜率领部队追击，中途遇到刘黑七前来救援的土匪有数千人，结果土匪被埋伏突击溃败。土匪伤亡惨重，成列向莒县方面逃窜。赵寿山继续率领士兵分两路乘胜向莒县方面追击。这个时候，土匪精锐部队已经损失殆尽，丢魂丧胆，毫无斗志。我军刚开始发动攻击，土匪就自行溃散了，我军趁机占领莒县，虏获了很多军用物资。刘黑七一个人仓皇逃出莒县，连眷属也没有来得及带走。

　　17军剿灭刘黑七的匪部，盘踞诸城一带已有数年的顾震虽然有唇亡齿寒的感受，但认为与17军有约在先，还可以苟延残喘，不必被剿灭。击溃刘黑七部后，1929年2月下旬，武士敏旅奉杨虎城的命令向顾震等匪帮发动进攻。在民众的援助下，武士敏和顾震激战了一昼夜，在深夜攻下了白马山、北杏等处，土匪四处逃窜。这场战役当场击毙土匪三百多人，俘虏土匪四五百人，救出人质六百多人，夺获了很多枪械。武士敏攻克北杏后，便乘势率领部队迅速占领诸城，缴获大批军需，顾匪仓促抵抗，但一战就败退了，仓皇逃窜到了七十里铺。武士敏率领部队跟踪追击，土匪再次退败到王台，这个时候已经是深夜，武士敏当即决定在七十里铺宿营。第二天早晨，顾震带领手下在王台向武士敏的部队猛烈反扑。武士敏发现匪军后，立刻命令手下的士兵对顾震等土匪进行迂回包抄，相持激战约数小时，彻底摧垮了顾匪的残余部队。顾震留在诸城的军需辎重、人质和眷属，全部被我军截获。土匪绑架的人质中青年妇女非常多，受尽了土匪的虐待。这些被救出的妇女为了发泄心中的怒气，请求武士敏将土匪交给她们处死。在武士敏的劝说下，所捉到的土匪、驴子等才得以被送到17军师部。杨虎城将军将匪徒交给莒县县政府处理，被绑架的人质被放回，驴子也交还给原主人认领。

同时，杨虎城严令部下不准私取一物，并将刘黑七、顾震两匪首的家属交由军需处长窦荫三负责派兵专门守护并供给食宿。当剿匪一结束，杨虎城将军就立即派人通知刘黑七、顾震将家眷领回。事后，刘、顾给17军写了感谢信，并表示会洗心革面，不再做土匪，以此来报答杨将军对他们的厚意。

17军正要整装进发时，当地有百姓派代表来到17军军部，向杨虎城将军反应沂水至莱芜之间地形险要的悬崖上，盘踞有一群扰民的惯匪千余人，经常四处劫掠，请求17军前去攻打，为民除害。杨虎城听到百姓的忧难，内心无法回绝，答应了百姓的要求，并立即派兵前往剿匪。

瓦屋崖非常险要，仅有一条山路可通上下。当时，土匪仗着有天险，果断拒绝了投降。了解情况后，杨虎城便开始做进攻部署，由于地形不利，土匪一遇到清剿部队，即据守崖上，仅以少数人守住山口，17军几次攻打，都受损失而退下。武士敏认为硬攻不易，且损失必大，主动向杨虎城请战，提出到沂水和莱芜之间勘察进攻路线。于是，杨虎城派武士敏前往剿匪。

经过侦察，武士敏得知山上无水，土匪每天需要到山下取水。于是，武士敏让部队假装撤退，并选拔精锐兵力在夜间埋伏水泉附近，准备等待匪徒下山取水时，就乘机攻上。部队等了半天，匪徒终于因为干渴难忍下山取水，土匪下到半山时，突然发现了武士敏的部队，立即返身往上跑。武士敏率领部队迅速快步跟踪追击，穿插到了匪徒的行列。山上守御的土匪看见土匪与部队混在一起，怕伤了自己人，一时不敢开枪。这时，武士敏命令士兵在东山上用迫击炮轰击，众多土匪一下子大乱，彼此之间互相践踏，越沟跳崖者不可胜数。部队攻到山头，当场击毙土匪头目，其余残匪一网打尽。救出的人质其中大半是青年妇女，武士敏派人分别护送回去，牛羊等也都交给了沂水县政府和原主。

当攻克土匪后，冯玉祥来电嘉奖。剿匪战事，到此也暂告一段落，驻地内的盗贼没有了。于是当地政府在诸城举行了一次军民联合祝捷大会，17军与许多主动为部队引路、送饭、转运伤员的民众一起分享了战斗成功的喜悦。

第四节　胸怀报国心

大革命后，各地方很多军阀领导的旁系部队或者杂牌军都归顺了国民政府领导，听从蒋介石调遣。中央收编杂牌军时允诺不拆散军队的建制，也不打散军队的官兵。抗战初期，杂牌军上战场争先恐后，毫无保留地承受了极大的伤亡和减员。可是，中央派遣杂牌军作战，却一直歧视杂牌军，把杂牌军看作潜在的日军，并逐渐地把杂牌军改造成中央军。中央对杂牌军的人员和弹药的战损补充却不给或少给补充，甚至杂牌军每被歼灭一个师，就取消该师番号。杂牌军为了谋求自己的生存之道，就必须保存自己的实力，当然不能卖力作战了。

1927年，杨虎城的国民革命军第10军由于与直鲁联军经过几个月的作战，伤亡很大，部队疲惫不堪，士气消沉，粮饷也没有着落。这一支军队曾被戏称为"叫花子兵"，官兵们脚蹬烂草鞋，身着旧军装，肩背土制步枪，不仅缺枪少弹，更缺少食物衣物。最为惨痛的是，当时北方已下雪，士兵全都草鞋单衣，双脚红肿，甚至没有野战医院，每连都有士兵活活冻死。很多士兵硬是用一人一把三尺长、七斤重的大刀，以十条命换一条命的代价和对方拼杀。

1930年，武士敏被杨虎城任命为17军第71师第211旅旅长，后改任为第42师第124旅旅长兼潼关警备司令。1932年冬，武士敏调离潼关警备职务后，率领124旅开回西安西关大营苑。此时，南汉宸、刘子华、高敬轩、昌绍先、谢祥荫等也到了皖北。杨虎城办了军事政治干部学校，任命南汉宸为校长，魏野畴为政治指导员，武士敏、刘子华等为教官。

1931年9月18日，日本驻中国东北地区的关东军按照精心策划的阴谋，由铁道"守备队"炸毁沈阳柳条湖附近的南满铁路路轨，并嫁祸于中国军队。日军以此为借口，突然向驻守在沈阳北大营的中国军队发动进攻。由于东北军执行蒋介石的"不抵抗政策"，当晚日军便攻占北大营，次日占领整个沈阳城。之后，日军继续向辽宁、吉林和黑龙江的广大地区进攻，短短4个多月内，128万平方公里、相当于日本国土3.5倍的中国东北全部沦陷，3000多万父老成了亡国奴。这就是震惊中外的"九一八事变"。

"九一八事变"后，蒋介石领导的国民政府没有积极抗日，而是提出了"攘外必先安内"的基本政策，意思就是先要平定内乱，以及充实国力，加强战备等，然后才可以抵御外侮。而日本为了转移国际视线，压迫南京国民政府屈服。1932年1月28日晚，日本侵略者突然向闸北的国民党第19路军发起攻击，随后又进攻江湾和吴淞。19路军在军长蔡廷锴、总指挥蒋光鼐的率领下，奋起抵抗。当时，19路军单独在沪作战，中央并无派兵增援的动向。

一时"国将不国"的悲愤溢于华夏，而对外退让，专事内战的军人们，更成为众矢之的。17军内很多富有民族感和爱国心的军人不甘做亡国奴，要求停止内战，抵抗日本的侵略。很多官兵高呼抗日救国口号，高呼："参军时为了保家卫国，而今国家受到侵犯，身为军人不能前往前线，有何意义？""东北军的不抵抗，不仅是丧失了东北的大好河山，而且还助长了日本人的嚣张气焰，为他们发动全面的侵华战争壮了胆。"

"九一八事变"后，武士敏看到中国东北人民流离失所，家破人亡的悲痛，心情异常沉重，对日军野蛮的侵华行为感到非常愤怒，对日本帝国主义犯下的残酷暴行咬牙切齿！武士敏更为国家的贫穷落后，连年内战，军阀混战，内耗严重，而悲伤。17军进行军事操练，很多士兵更是怨声载道，武士敏满怀悲痛地哀叹："一个不抵抗政策，带兵是越来越难了。"

武士敏一时万分悲愤，返回旅部，当晚召集全旅连长以上干部开会，商量向杨虎城将军请命，陈述请求参战的强烈愿望。全旅官兵情绪异常愤激，发言者很多，大家都感到形势严重，

除了奋起抗战，否则将无法生存，对 19 路军的英勇抵抗，寄以深切的同情，一致要求立即开赴上海参战。杨虎城知道大家的愿望后，一时沉默，这何尝不是他所想的呢？现在日本人打到大门口来了，我们还不起来抵抗，真的要甘心当亡国奴吗？可是蒋介石会同意吗？

终于，在许多社会人士及国民党内反对派纷起的责难下，2 月 14 日，蒋介石才命令由前首都警卫军 87 师、88 师和教导总队组成第 5 军，以张治中为军长增援 19 路军参战。武士敏和将士们一颗悬着的心终于可以放下来了。

1933 年春，日寇侵犯中国的长城古北口一带，商震、宋哲元等部奋起抵抗。当时任第 44 师 12 旅旅长的武士敏主动请缨出战，奉命率该旅出发北上，行程二日抵达潼关火车站，因车皮困难，分期分批才将该部队运抵河北徐水，然后行军出顺义，枕戈待旦，准备上阵杀敌。不久，日军攻占山海关，至 5 月下旬，突破长城防线，直逼平津。后来，因为签订了《塘沽协定》，中日双方停战。于是，武士敏旅又返回陕西，移驻大荔，后又调往洛川驻防。1935 年，武士敏因功获四等云麾勋章，晋升陆军少将，成为 169 师师长。

第三章　积极投入抗日

第一节　西安事变

1935 年的 12 月 9 日，北平（北京）大中学生数千人在中国共产党的领导下举行了抗日救国示威游行，反对华北自治，反抗日本帝国主义，掀起了全国抗日救国的新高潮，史称"一二·九"运动。1936 年 12 月 9 日，中国共产党组织大规模的群众游行示威，纪念"一二·九"运动一周年。特务军警开枪打伤了一名小学生，群众非常激愤，决定直接向蒋介石请愿示威。蒋介石强令张学良制止学生运动，必要时可以向学生开枪。张学良接到命令后，赶上游行队伍，极力劝说学生回去。大学学生高呼"中国人不打中国人！""东北军打回老家去，收复东北失地！"等口号。张学良向群众表示一周内以实际行动答复学生要求，如果做不到，你们其中任何人都可以杀死我张学良。国难当头，请愿学生们在华清池前高唱《松花江上》一曲，国破了，家还在哪里？一时间在场的东北军官兵也一起合唱，个个泪流满面，全场哭声震天，爱国情绪高昂。

此情此景让张学良受到了很大的震撼。当晚，张学良找到蒋介石，再次劝蒋介石抗日，并要求放过因游行而被逮捕的学生，但是蒋介石怒称："对这批学生，除了拿机关枪打以外，是没有办法的。"张学良听后大怒，反问道："机关枪不打日本人，反而去打爱国学生？"张学良和蒋介石再次大吵，盛怒下的张学良在当天晚上就联系了西北军领袖杨虎城，经过商议后，决定再次进谏蒋介石，要求抗日。

随着日本帝国主义侵略中国的步步深入，中华民族面临着亡国灭种的危险，国内抗战的呼声越来越高。1936 年 12 月 12 日，张学良、杨虎城将军在反复进谏蒋介石，要求停止内战，一致抗日，反复遭到蒋拒绝的情况下，毅然决然地发动了西安事变，实行"兵谏"，逼迫蒋介石抗日。

12 日清晨，东北军到临潼的华清池捉蒋介石，蒋介石从卧室窗户跳出，摔伤后背，躲在一块大石头后面，被搜查的士兵发现，当场被活捉。同时，17 路军还扣留了在西安的陈诚、邵力子、蒋鼎文、陈调元、卫立煌、朱绍良等国民党军政要员。西安事变爆发，当天，张学良和杨虎城向全国发出通电，提出停止内战，一致抗日的救国主张。

南京中央于当晚 11 点半，召开中常会及中央政治会议联席会议，决定剿抚并用，一面以何应钦为讨逆军总司令，一面以于右任为陕甘宣抚大使。12 月 12 日晚上，宋美龄和曾为张作霖父子的谋士，且与张学良交往密切，也是蒋介石的好友的澳大利亚籍友人端纳记者连夜前往西安。

12 月 23 日，张学良、杨虎城与宋子文、宋美龄在张公馆西楼二层开始正式谈判。在举国上下的抗日呼声中，在共产党的推动下，"西安事变"最终得以和平解决。12 月 24 日，蒋介石口头同意了抗日，但却没有为他的承诺签订任何协议书。

12 月 25 日下午，蒋介石乘飞机离开西安，张学良亲自陪同，当日抵洛阳。离开西安前，张学良留下手令，把东北军交给杨虎城指挥。12 月 26 日，蒋介石抵达南京，张学良被扣留。全国民众从成人到儿童，听到蒋介石同意抗日的喜讯，都欢喜得像是过年一样，欢声彻夜，这种情形真是揭开了历史的新一页！

同时，全国人民的抗日热情一时间也变得分外高涨，各省都出现了大批宣传队、戏剧队、歌咏团和下乡工作队等，凡是前线

急需的物品，各界民众均源源不断送至军中，并协助挖战壕、构筑工事，抗日救亡运动迅速活跃起来。

第二节　坚决拥护国共合作抗日

有一次，武士敏在战友叙旧时，不禁深叹："兵难带，仗难打，事难办。咱向地方代购粮草现给法币，分文不欠，群众也不满意。他们（八路军），吃的是救国公粮，白吃，啥也不给，群众也不埋怨。看来咱还得向人家学点什么。缺员不少，可是老头子（蒋介石）不准就地补充，大后方壮丁不能按时到来，你说怎么办！……"可见武将军对共产党八路军早有好感，对自己的缺欠，他早有察觉，所以与八路军从未发生摩擦。同时，武士敏深受杨虎城将军的信任和青睐，是17路军中最有前途的将领之一，两人更曾经结为异姓兄弟。他不满蒋介石排除异己的做法，以及其对日妥协投降，反对共产党的政策，支持杨虎城将军坚持国共两党合作，一致抗日，拯救中华的主张。

"九一八事变"以后，武士敏和张学良将军经常来往，同情东北军收复失地的主张，坚决拥护国共合作抗日。西安事变前的1935年，武士敏正任陕军第169师师长，奉杨虎城的命令，带领124旅和248团的第三营，在陕西境内凭据三要司以南的九泉山高地，阻击徐海东的红25军进入陕西，遭到红25军的两翼包抄，红25军从正面吸引对方，同时派部队从两翼迂回机动，最后完成包围，结果，武士敏的部队全军覆没。武士敏觉得对不起杨虎城，当时就想离开西安，回老家，却被杨虎城将军劝阻了。一向作战勇猛，治军严厉的杨虎城，似乎对这次失败并不在意。武士敏还不知道，红军主力抵达陕北后，便早与原来防守在陕西的17路军取得了联络，红军代表汪锋带来毛泽东给杨虎城的信，经过杨虎城与汪锋的多次会谈，双方达成驻防原地互不侵犯，合作抗日的秘密协议，并在西安附近陕北前线设立三个秘密交通点。驻守宜川的武士敏就负责与其中一个点的联络。期间，武士敏曾利用职权之便，秘密为共产党输送过大批的枪支弹药。

为了弥补自己没有上完大学的遗憾，武士敏再次前往南京陆军大学学习。武士敏去南京后，他所负责的秘密交通点被取消。来到陆军大学，武士敏看到校门上的"亲爱精诚"四个大字，以及两边的"贪生怕死莫入此门""升官发财请走别路"。这些话深深地铭刻在了武士敏心中，他决心努力学习，做一个报效中华民族的爱国军人。然而，武士敏在陆军大学学习没有多久，1936年12月13日，西安事变事发的第二天，一队南京宪兵司令部全副武装的宪兵，忽然出现在正在南京陆军大学特别班勤奋进修的武士敏面前，他们告诉武士敏，12月12日张学良、杨虎城在西安发动兵变，扣押了前往西安督促剿共的蒋介石。因为武士敏是杨虎城 17 路军的高级军官，所以也必须逮捕，进行隔离审查。

尽管作为部下的武士敏，对杨虎城的想法不无了解，但闻听张杨突然策动西安事变，还是感到吃惊。武士敏对西安事变可能引起的后果以及杨虎城和 17 军的未来非常地担心。他立即收拾好简单的行装，随宪兵离开了陆军大学。后来，在于右任的力保下，武士敏才被释放。南京政府考虑到于右任与杨虎城不仅是同乡，又有着深厚的友谊，于是派于右任作为宣慰使到陕西去调解争端。于右任在赴任前，约请了武士敏，一起同行。于右任到达潼关后，杨虎城热情地宴请了于右任，却拒绝了于右任到西安的调解。12 月 25 日，张学良送蒋介石回南京，于右任于在 12 月 27 日返回南京，武士敏也就返回了部队。

第三节　西北军分裂

西安事变和平解决，全国实现了一致对外团结抗日的大好局面。但因事变后，张学良被国民政府扣压，东北军二十多万人群龙无首，少壮派军人杀死王以哲等元老发生了内讧。东北军 6 个军投靠了中央，除了 51 军和 57 军并肩在敌后苏鲁战区作战以外，其他 4 个军都分散在全国各战区作战，由此东北军的这个名称不存在了。

1937 年 4 月，杨虎城将军被迫辞去西安绥靖公署主任及第 17 路军总指挥职务。1937 年 6 月，蒋介石命令杨虎城"出洋考察"。1937 年 6 月，武士敏送杨虎城出国考察，在上海分手时，杨虎城对送别的将领们说："17 路军是国内最先提出抗日的军队，只有抗日才能得到国人的拥护，蒋介石才不敢把我们怎么样，我在国外也会放心。"武士敏听到后，心中悲痛不已。多年后，武士敏还对当时 17 路军还没有上战场，部队竟然已经分裂，主将下野之事痛心不已。

杨虎城的 17 路军在西安事变前有三个师，冯钦哉的 42 师，孙蔚如的 17 师，直属杨虎城控制的西安直属警备师，总计 28 个团，总兵力是 6 万多人。从西安事变开始到杨虎城离开西安出国为止，从此，第 17 路军走上了一条被蒋介石逐步削弱、肢解、消灭的道路。

武士敏身为冯钦哉部下，与拥护杨虎城的另一派孙蔚如、赵寿山等部密切沟通。杨虎城的秘书王菊人曾避开冯钦哉，专门负责和武士敏联系，与武士敏共同协商两派之间的关系。所以，以后这两个师之间的所有联系，都通过王菊人和武士敏来联络。在武士敏等人的共同协调下，西北军最终没像东北军那样发生内乱，但西北军也未能逃脱分裂的命运，最终分成两派。

西安事变结束后，先是冯钦哉率领 42 师全部投靠中央，稍后孙蔚如的 17 师和王劲哉 49 旅脱离 17 路军投靠中央。在王劲哉拉走部队的同时，西安警备师下属三个旅中，警备一旅旅长王俊的整个旅和警备二旅的两个团先后宣布离开 17 路军投靠中央。前前后后，17 路军拉走 2 万多人，剩余部队仅剩 3 万出头。17 路军的番号也被取消，他们的领袖杨虎城再也没有回到部队中。抗日战争以后，这两个师变成军了，一个叫 38 军，军长是孙蔚如，一个是 98 军，军长是冯钦哉。

冯钦哉 42 师投靠中央以后，蒋介石认为冯钦哉有立功表现，将该师扩编为第 27 路军，下辖 42 师和 169 师。42 师在 17 路军中也只属于二流部队，武器装备比起孙蔚如的 17 师稍为逊色，和中央军、日军根本是没法相比了。好在 42 师部队里面还有一批有实战经验的老兵，这让该师仍然具备一定的战斗力。

1937 年武士敏升任为 169 师师长，奉调到庐山军官团受训。武士敏胸怀民族大义，坚持与共产党领导的八路军精诚团结，密切协作共同打击日寇，这也延续了杨虎城将军国共之间联合抗日的精神。

第四节　开赴抗日前线

1937 年 7 月 7 日深夜，日本帝国主义在卢沟桥打响了全面侵华的第一枪。卢沟桥既是南下的要冲，又是北京的咽喉，侵华日军一旦占领卢沟桥，北京就是一座死城，华北也就唾手可得。由此，卢沟桥反侵略的枪声吹响了中华民族抗日的战斗号角，所有的炎黄子孙对日本帝国主义的侵略行径义愤填膺，同仇敌忾，共赴国难。

武士敏目睹日本帝国主义的残暴和国民党军队的腐败无能，心里充满了一腔怒火，坚决主张抗战，发誓要率领他的部队冲上前线与日军决一死战，为中华民族的生存而献身。怀着抗日救国的决心的武士敏，主动请缨要求上阵。第二天，第169师接到命令，奉命开赴华北保定前线，进驻石家庄，成为原杨虎城17路军中北上抗日的第一支部队。从此，武士敏只从前线回过两次家。

在169师的誓师大会上，武士敏满怀壮志地说："我们为了国家的存亡、民族的生死去战斗，不把日本鬼子赶出国门，绝不生还。"武士敏跃马前线，率领驻扎在陕西大荔刚刚被扩编好的第169师（辖505旅、507旅，共4个团）英勇杀敌，出陕西，过黄河，一路上高唱着《满江红》《大刀向鬼子们的头上砍去》，开赴山西、河北抗日前线，协同八路军和其他友军共同抵抗日军的侵略。

部队步行军到潼关，然后乘火车赴河北前线，离开潼关时受到当地群众的热烈欢送。在完县大郭村，169师首次与日军进行战斗，从拂晓开始，激战了一整天。武士敏始终在前线督战，命令不参加作战的人员迅速撤离作战阵地。到了半夜，武士敏才率领部队撤离到铁路南面的大河凹村。当夜，因为不明确的情况，也因为首次作战缺乏经验，师部错以为日军来袭击，打了一阵乱枪，结果跑失了部队的数批骑马，还丢了很多物资。第二天，在向南转移的途中，武士敏告诫官兵们说："今后要注意沉着应对日军，要特别注意侦察敌情，掌握日军的动向，才能更好地应付战争。"

当 169 师离石家庄不远时，武士敏听到消息日军已占领定州，并一路无阻地沿着铁路南下，向石家庄推进。武士敏当即率领还在安国的部队星夜由石家庄向西北，赶到平山县王田村一带，并在此布防。10月7日，当日军先头部队第20师团到达平山县北时，埋伏在这里的第169师505旅行海亭部对日军发起突然攻击，战斗非常激烈，双方伤亡都很大。日军从北平、保定一路杀来，都没有受到强大的抵抗，日军没有想到会在这里遭遇猛烈地袭击，整个部队遭到重创。这次战斗有力地挫伤了日军的锐气，日军三天后才恢复了它的战斗能力，为我军准备娘子关保卫战赢得了宝贵的时间。

与日军交锋后，武士敏师长接到命令，立即率领部队奔向石家庄和娘子关前线，布防于曹泉和唐家会之间，在此阻击日本侵略军向南进犯。次日，得知石家庄已经丢掉，日军已经沿着正太线向西行进。武士敏只得率领部队，迅速向井陉方向转移，两个连的战士一口气跑了30多公里到达了井陉附近的峦庄。当部队行进到井径东北贾庄时，师特务连发现河滩上有百余匹高大棕红色军马，在河滩饮水。日军的骑兵占领了沟北高地山梁，一个日本兵正在村头山坡上插太阳旗。武士敏在了解日军的兵力不是很多后，当即命令特务连一战士向日本兵投掷了一枚手榴弹，该日本兵随即被击毙，滚下山坡。日军听到了响声，觉察到已经暴露，随即用机枪向武士敏的部队扫射。武士敏立即命令特务连战士迅速卧倒，用轻机枪还击，507 旅刘禹干营的机枪连架起重机枪将河滩的马匹大部打死。这时，日军向我特务连包围过来。在机枪连的掩护下，武士敏率领特务连向西突围。向我军包围过来的日本兵，来犯的日军大多被我军用重机枪击毙，日军被迫撤退。这一战有效地阻止了日军，使其没有能够向西行进。

日军又利用飞机侦察，用飞机、坦克、机关枪轰炸，169 师用的多是老式步枪，而且还不是每个人都有。这个人死了，那个人捡起来再用。169 师的装备太差，首次战斗根本压不住日军的火力。同时，日军用骑兵从侧面向 169 师迂回攻击，使得 169 师心慌意乱，无法守住阵地，不得已奉命退守滹沱河上游的南岸。

第五节　守卫娘子关

娘子关原名"苇泽关"，因唐平阳公主曾率兵驻守于此，平阳公主的部队当时人称"娘子军"，故得今名娘子关。娘子关位于太行山脉西侧河北省井陉县西口，山西省平定县东北的绵山山麓，是山西和河北之间为数不多的通道之一，不论是要保障山西，还是要保障河北的安全，娘子关都起着重要作用。因而，著名关隘娘子关有万里长城第九关之称。

"七七"事变后，98军归第14集团军刘茂恩指挥，不久也奉命离开陕北赴河北保定一线。由于黄河铁桥被一战区刘峙破坏，大军不能南渡黄河，于是急忙从娘子关进入山西。当时正值山西东线战局吃紧，沿正太路西犯的日军已接近娘子关，娘子关战役迫在眉睫，河北和山西情况危急。

国民党军事委员会看到这一情况，10月6日命令第二集团军总司令孙连仲率所属第26路军全部入晋增援，9日又命冯钦哉率所属第27路军（第169师、第42师、第17师、第38军教导团），和第三军向娘子关方向预定阵地转移，以掩护第二战区的右侧。10月10日，由冯钦哉指挥的西进部队在以井陉为中心的南北线上布防。

武士敏的部队奉命在娘子关附近阻拦日军，与日军西进主力展开激战。169 师急行 50 多里，不得不从娘子关以北连夜赴山西盆口一带。11 日，第 169 师的后卫部队抵达娘子关的上下盘石，突然遭遇从故关攻入山西的日军。先头部队 507 旅旅长王勤轩当即命令部队占领两侧山地，封锁沟道，阻止日军向西行进。当大军转移时，为了保证八路军第 38 军教导团李振西顺利撤退，强渡滹沱河。武士敏与王宏业团长率领 169 师与日军激战两日一夜，亲自在上下盘石火线指挥督战。

武士敏高呼："人在阵地在，没有命令不许后退。"并带头冲在士兵前面，与日寇英勇搏斗。

机要副官石中立、参谋段其焘、译电员齐建章迅速在下盘石沟口小庙内架设电台与各部联系。小庙堆满玉米秸，报务员就坐在玉米秸上译发电报。日军发射多发炮弹攻击我军阵地，不时有炮弹落在小庙附近。在日军的野炮、迫击炮的猛烈攻击下，我军只能用仅有的重机枪、手榴弹与日军硬拼，阻止日军向前推进，给日军以极重打击，敌我双方均有很大伤亡。更为严重的是，169 师受到石家庄增援的日军的重重包围，仍坚守阵地，直到子弹和粮食都没有了。在敌强我弱的形势下，给日军以极重的打击，终于将日军抗击在娘子关外，使几万人的军队得以安全退回到晋东南地区，日军被逼，退回慈山镇西南。

13 日，169 师奉命断后，顺利完成掩护主力部队渡过滹沱河的任务后，武士敏师长率第 505 旅、第 507 旅冲破日军防线，撤向盂县秀水镇。当夜，武士敏奉命率领部队退到上荫营，翻过刘备山，到了寿阳以北的宗艾一带，进而转移到太原东北郊区。这时，得不到任何情报，武师长判断部队正处在不利地带。晋北平型关虽然有一些胜利，但日军分股南下，与正太线的日军急于在太原会师，将我军及晋东北一带的友军形成包围圈，军长即刻决定星夜向太原进发，以牵制日军对我军的包围。此时，太原保卫战即将开始，傅作义在城内关闭了城门，只准人出不准人进。169 师到达太原东城的郊区时，北面的郊区已经能听到枪声，双塔寺以东一带也发现日军的骑兵，城郊没有阵地可以坚守，西南郊日军的飞机在轮番轰炸。

敌机整天在四郊轰炸扫射，汾河铁桥已经被炸毁，官兵们临时搭了木桥，车马人群拥挤在桥上，行动非常的缓慢。武士敏看到这一情况，立刻命令 169 师在汾河东岸布置警戒线，并清理桥上的障碍物，组织群众依次通过木桥转移。群众全部转移后，武士敏命令部队即刻抢渡汾河，当夜集结在晋祠以北的各个村庄，在西山脚占领有利地带，我军两个师的兵力已经损伤了一半以上。

26 日，日军占领娘子关，将右纵队改为右追击队，左纵队改为左追击队，以阳泉为目标发动追击。阎锡山已无兵增援正太线，便电八路军朱德总司令求援，八路军第 115 师和第 129 师火速开往阳泉，在 10 月 18 日进至平定地区，八路军总部率第 115 师由五台地区南下，支援正太路作战。这一天，武士敏的部队奉命在娘子关附近阻拦日军的西进主力，武士敏亲临前线指挥全师浴血奋战，其部队受到石家庄增援的日军的重重包围，仍坚守阵地，直到子弹和粮食都没有了。在燃眉之急，第 18 集团军第 129 师及时赶到，武士敏与来增援的 129 师并肩战斗，八路军 129 师 386 旅在刘伯承师长亲自指挥下迂回打击日军的侧面和背面，并对日军 20 师团主力上下夹击，武士敏从而乘机突出重围。接着，武士敏又配合八路军在正太路南段牵制、阻击日军，使 386 旅在黄岩底，115 师在广阳坡痛击日军，打了两个漂亮的伏击战，重创了日军，俘获了很多日军。之后，武士敏率领部队终于安全突围转进。

娘子关战役在敌强我弱的条件下，我军不惜牺牲，英勇奋战，付出伤亡 2 万余人的代价，歼敌数千人，战斗进行了 20 余天。粉碎了日本帝国主义要在几个月内灭亡中国的神话，在中华民族的爱国史上写下了光辉的一页。

抗日英雄
武士敏

第六节　开赴子洪口

娘子关战役后，169 师接到后撤休整的命令。于是 169 师越过汾河，经过汾阳、隰县，到大宁午城镇休整。在休整期间，42师所剩兵员被补充进了169师，42师与169师改隶14军团，42师军官则回后方接迎新兵。部队又补充了武器装备（如马克沁重机枪代替了30节式重机枪）、弹药、给养和药品，在黑龙关发了棉军服，冯钦哉任军团长。

子洪口位于祁县的东南部，这里也是整个晋中平原在祁县境内的一段。南来的太岳山的一条支脉——麓台山在子洪口断开，形成了一道南北走向的大裂谷，裂谷中有一条昌源河。郦道元在《水经注》中称大裂谷和昌源河分别为"胡甲谷"和"胡甲水"。今天的祁县古县镇子洪村的东面有许多的高山，所以有了"子洪口"的美名。

子洪口南起金锁关（来远镇北关村），北至银锁关（古县镇子洪村），两关相距30余公里，是白晋公路的起点，是太原进入太行、太岳、中条之必经通道，是太行山麓的西北门户。子洪口沿途两侧有高山起伏连绵，地势非常的险峻，是历史上兵家必争的天然屏障。华北日军一直企图消灭我晋东南的部队，进而占领中条山，越过黄河，直逼郑州，实现其速战速决并吞我中华大地的企图。如果子洪口和来远被日军占据，日军就可进迫腹盆地区，直驱沁县、武乡。因此，日军早就有了攻打子洪口的计划。

为了守住子洪口这一兵家必争之地，1937年11月，第二战区长官部电令：169 师即日开赴白晋公路北段（即沁县至子洪口）山峦地带，扼守晋冀豫抗日根据地的西北咽喉。169 师的任务是，遏止太原、榆次、太谷、祁县、平遥一带的日军，从子洪口进犯晋东南抗日根据地。与此同时，169 师划属第二战区副司令长官第 18 集团军总司令朱德指挥。

169 师师部先在武乡南关镇，后来移驻距来远不远的刘家垴，又在师长武士敏、参谋长秦逸民的率领下经过洪洞、唐城、沁源、交口、沁县，进而抵达祁县，到了来远镇。1938 年初，第 169 师到达祁县，并驻守在子洪口。

当时，东西两面还有友军和 169 师联防。有许多迹象表明，侵占南同蒲线上祁县、平遥等地的日军有进犯东山的企图。武士敏将军经常到各个友军的驻地进行拜访和商讨防务事宜，带领 169 师加紧利用战斗间隙中短暂的安定，一方面积极做好迎击日军进犯的准备，严密监视日军的行动；另一方面，对驻地民众宣传抗日知识，组织民众参加抗战，成立了儿童学校，短期内 169 师驻地的每一个村恢复了一些店铺，开辟了贸易市场，安定了广大群众的生活情绪。当时，高桂滋师已放弃平遥县城。不少青年学生由他们的老师带领，逃来 169 师的防地，这些同学抗日热情很高，有一部分就安排在 169 师的证训处搞宣传工作，也有搞医护工作的。稍后，很多知识青年在武士敏师长的介绍下参加了革命，并在战地结了婚。

武士敏率领部队移驻祁县子洪口后，娘子关由阎锡山部接防。不久，晋军虽然守住了娘子关，却丢掉了故关。日军攻陷故关，继续攻打太原，山西从此陷入困境。由于日军已攻破我军在故关、雪花山的阵地，娘子关也随之陷入日军之手。

第四章 积极支持抗日民族统一战线

第一节 小东岭会议促膝长谈

1937 年 9 月，八路军改为第 18 集团军，归 2 战区指挥。1938 年初，国民党计划反攻太原，第 2 战区的所有部队划分为东路军和西路军，中国军队在山西前线建立了以阎锡山、卫立煌为首的西路军和以朱德、彭德怀为首的东路军指挥部。东路军包括八路军 115 师、129 师、抗日决死队 1 纵队和 3 纵队，东路军还包括国民党的若干支部队。武士敏率领的国民党陕军第 169 师就划归了朱德为总司令的第 18 集团东路军指挥，布防在子洪口、来远镇、南关镇、沁县一线，以防晋中的日军侵犯晋东南地区。

根据作战部署，共产党的 129 师担任切断正太路的任务，以此狙击日军增援，配合中央军攻取太原。共产党的 772 团担任主攻，歼灭了石家庄日军增援的两个中队，乘胜攻入并陉。这时，日军突然调遣大军从北面的太原向南进发，东面则通过东阳关来攻取长治，牵夹临汾，情况十分紧急。但是，除了武士敏的部队坚守在子洪口，李家钰转战长治一代抗击日军外，阎锡山的西路军有的部队看到日军来就不战而退了，有的甚至叛变投敌，使得日军一路上所向无敌，轻而易举地攻取了临汾、侯马，逼近风陵渡。西路军的溃败不仅给日军让开了通道，还给东路军的国民党部队带来了恶劣的影响，更加恐慌和动摇。国民党军长朱怀冰听说西路军跑过了黄河，就派人到处打探消息，也想趁机溜掉。当时形单势孤的武士敏对抗战产生了悲观的情绪。

1938 年 3 月 24 日，为了稳定国民党军队的情绪，共商团结抗日大计，增强民众抗战的信心，朱德、彭德怀决定在沁县小东岭召开一次国共两党的东路军高级将领会议，武士敏等将领均参加了会议。会上，彭德怀作了题为《第二期抗战与我们的任务》的报告。报告指出：我方的任务是"保卫武汉，保卫山西，争取敌我现势的变动，使持久抗战走到最后的彻底的民族独立与解放"。会议期间，彭德怀与武士敏也就抗战形势交换了看法。武士敏聆听了朱德、彭德怀的讲话，激动地说："我当了几十年的兵，真正懂得为国报效，是在参加了小东岭会议后，此时我才懂得怎样做一个真正的军人。"会后一再表示，169 师愿与八路军亲密合作，并肩战斗，一致抗日。

彭德怀每天晚上总要和一些国民党将领耐心交谈，以争取他们与八路军共同抗战。也正是在这时，彭德怀与武士敏进行了一次秘密长谈。彭德怀问他："武将军，难道你现在对'抗日必胜、反共必败'的趋势还看不清吗？"

武士敏说："看是看到了。但是日本军来势凶猛，武器又好；南京政府抗战意志不坚定，除了你们共产党的部队之外，国民党军队中的大多数人都有'恐日症'，敌强我弱，抗战到何时才能胜利呢？我们是陕军，就是抗战胜利了，我们也不行啊！"坐在桌子对面的彭德怀，认真地听着武士敏将军把自己满腹的悲愤、忧虑倾吐出来。之后，才将自己对抗日战争一些问题的看法很诚恳地讲出来。

彭德怀说："抗日战争一定会胜利，这是毫无疑问的。为什么呢？因为广大人民都不愿做奴隶，这一条很重要。但抗战要取得胜利也是一件很不容易的事，需要全国人民团结一致；各种抗日力量要紧密配合，互相支持，建立巩固的抗日民族统一战线。国民党中有许多人是积极支持我们提出的'停止内战，一致抗日'主张的，许多人已经为抗战出了不少力，这都受到了广大人民群众的拥护。武将军的一腔爱国热情使我们非常敬佩，不过，在目前抗日运动受到挫折的时候，武将军对形势的看法还很不全面，产生了悲观情绪，叫人有点担心。"

彭德怀继续说道："你我虽然信仰不同，但我们都是带兵的，肩负着为保卫中华民族的生存而战的责任。难道我们能在中华民族生死存亡的关键时刻，不顾民族利益去考虑个人的得失吗？在民族危机的时候，当以民族和人民群众的利益为重，那样，我们这些带兵的人才配得上是一个有民族气节的将领。"彭德怀发自肺腑的谈吐，使武士敏将军深受感动。

武士敏觉得抗战当中必须要国共合作，一心一意，这样才能取得抗战的胜利。他紧紧握住彭总的手，激动地说："副总指挥，听您一席话，胜读十年书。您今晚对我的教益实在是太大啦！只要南京政府不把我的部队撤离到后方去，我们一定和八路军一起坚持抗战，收复失地。"

小东岭会议，与会将领统一了思想，明确了任务，国共合作，团结抗战，为我军粉碎日军的九路围攻奠定了思想基础与政治基础。这是八路军总部团结友军共同坚持抗战的一次成功的统战会议，它大大地鼓舞了抗日军民坚决抗战的信心和决心，对国共并肩作战有效扼守要隘子洪口，粉碎日军九路围攻，以及保卫晋东南抗日根据地，阻止日军南下起了决定性作用。

第二节　子洪口诱敌深入

169 师驻防子洪口后，部队沿白晋铁路分别驻扎在北起子洪口南至沁县的山区地段，固守晋东南主要通道，防御太原、榆次、太谷一带的日军进犯太岳山区，由师长武士敏、参谋长秦逸民、参谋处长蔡画一及一无线电排在来远村南面的刘家脑村组成前线作战指挥部。同时，当时的八路军总部也设在这一带。

因为我军不断地破坏同蒲铁道，同时我军破坏同蒲路的总攻令被日军预先知道，日军企图先发制人，准备进犯子洪口。

1938年4月，小东岭会议结束不久后，华北日军由同蒲、平汉、正太三线抽调兵力，组织了4个师团共3万余兵力，从石家庄、邢台、邯郸、博爱、阳泉、太谷、祁县、沁源、长治等地，分九路大举围攻晋东南，以占领榆社、武乡、沁县为目标，对晋南进行大扫荡，妄图一举摧毁太行山抗日根据地。

同时，东路军所管辖的部队按照已经定好的方针，将游击战和运动战相互配合，一致奋起，准备与敌展开晋东南的空前大战。在紧要关头，武士敏将军率领第169师与八路军密切协作，坚决听从第18集团军朱德司令与彭德怀副司令的作战部署。朱德总司令电报指示武士敏，在日军进攻前，尽快破坏盘陀镇以北公路路面，构建防御工事；战斗打响后，不惜一切代价，死守子洪口险要的关口，阻止日军向南进发……

4月11日拂晓，扼守在险要的子洪口的98军首先遭受日军主力部队的攻击。日军在祁县东观镇集结完毕，开始沿白晋线大举南下，日军在装甲车、汽车的掩护下，多路包围了盘陀镇。盘陀以北为日军据点子洪镇，子洪镇北为同蒲铁路线，169师与日军距离非常近，随时都有一触即发的态势。驻守盘陀的是169师潘禹九团和冯汉英团。日军依仗其装备精良，迅速发起攻击。169师的两个团随即展开还击，战斗异常激烈。由于盘陀村峡谷地势比较开阔，便于日军发挥其装备的优势，潘禹九团和冯汉英团均受到重大伤亡。这时候，武士敏沉着应战，命令169师采取诱敌深入的战术，主动撤出盘陀镇，向东团城阵地进发，与守军一起，构建了第二道防线。东团城防线守军实力大增，武士敏同时还将部分主力埋伏在易守难攻的谷峪口马鞍山。谷峪口沟和钓鱼沟相邻，两沟口中间有南北走向的公路通过，正好形成一个十字。钓鱼沟口南是马鞍山，钓鱼沟口北是张登圪梁；谷峪口沟南是红紫山，谷峪口沟北是卧鸡垴。四面高山，环抱着一个大十字形的开阔地。

　　日军占领子洪口盘陀镇后，以为中国军队不战而退，遂大摇大摆地继续向前推进，先头部队已接近东团城村北的钓鱼沟口。驻守马鞍山的169师第1旅旅长邢海亭，因眉毛特别长，人戏称"长眉毛旅长"。当日军大部分进入十字形开阔地后，邢旅长高举驳克枪朝天空连打三枪，潜伏于高山上的一旅战士听到"打"的命令声，东团城防线两侧阵地上的所有轻重武器向日军开火，对日军进行猛烈还击，这时埋伏在四面高低的169师将士也全线出击。瞬间，马鞍山硝烟弥漫。敌方明白中计，组织反攻，尾随而来的日军也趁势发起攻击。169师严守阵地，寸土不让。在马鞍山督战的"长眉毛旅长"看到山下进攻的日军，弯腰跑到机枪连阵地，亲自带队冲杀，右手打一挺机枪，左手打一挺机枪，几个战士在枪两旁一个劲地压子弹。尽管两只胳膊被震得又红又肿，但也不让战士替会儿。他高兴地说：

"这是我有生以来，打得最痛快的一仗。"

战斗仍激烈地进行着。在钓鱼沟口的石蛋湾，击毙一名日联队长，捣毁日战车 10 余辆，其余日军吓得进不得、退不得。少数日军向马鞍山下的九眼窑靠拢，妄图做最后的挣扎。然而，九眼窑原是民营骡马店，全是用石头砌成，一般枪弹对它是无可奈何的。当日军进入九眼窑时，突然从马鞍山滑下 169 师一战士，解下别在腰上的 8 颗手榴弹，拉断引线，分别塞进窑顶上的两个烟囱里，顷刻，近一个排的日军，随同滚滚的浓烟上西天去了。

第三节　子洪口粉碎日军的"九路围攻"

夜幕降临了，日军撤回了盘陀镇。十字形开阔地，仍被浓浓的烟雾笼罩着。

4 月 12 日清晨，日军继四面出击后，重点打通谷峪口沟，向南进攻老鼠坡。防守老鼠坡的是二旅薛团。薛团在 169 师是有名的硬团，连排班里老兵多，神枪手多。当日军进攻到 169 师阵地时，冯营长指挥的 7 挺水机关，像夏天突发的冰雹，噼里啪啦打在日军的钢盔上，致使卧倒的日军不敢再前进一步。敌我双方伤亡惨重。二旅王旅长、赵团长、三位副营长，身负重伤仍在指挥战斗。赵团长在阵地上高呼："只有铁，只有血，只有铁血才能救中华。弟兄们，我们要与阵地共存亡！"一席话，更加鼓足了战士们消灭日军的劲头。在一阵枪林弹雨中，日军再次被 169 师击退。

4 月 15 日清晨，经过休整的日军继续发起攻击。为了更好地战斗，武士敏师长及时向东团城防线派出了援军——重型机关枪营，并进行了及时战地补充。经过补充的 169 师东团城阵地守军也毫不示弱：数十挺"马克沁水冷式"重型机关枪向日军倾泻着仇恨的子弹！硝烟弥漫、地动山摇，双方展开了最后的厮杀。来犯的日军数千人向该师王宏业旅长的阵地猛扑过来。日军虽然在武器上占优势，炮火异常猛烈，然而，武士敏率领的 169 师全体将士始终坚守阵地，英勇向日军发起攻击，更有官兵亲自手持机枪冲入敌阵歼敌，奋力拼杀，将日军阻隔在东西团城铺以北地区，使日军不能前进一步。

4 月 16 日，在上党的日军 108 师团，25 旅团 117 联队，又加上骑炮辎重数千人，再次发动攻击，妄图消灭 169 师。邻近的八路军 129 师闻讯，迅速派出部队增援，武士敏与来增援的第 18 集团军第 129 师并肩战斗，八路军 129 师 386 旅在刘伯承师长亲自指挥下迂回打击日军的侧面和背面，并对日军主力上下夹击，在沁县长乐村截断日军后段 1500 余人。日军毫无进展，只好知难而退。武士敏经祁县唐河底、榆社县云簇、武乡县石盘等地，西进迂回转进，冲出了日军的重重包围，又率领部队配合八路军将日军截成数股，分割后围歼，打了两个漂亮的伏击战，并安全突围转进。这一场国共合作的抗战史称"长乐战役"。长乐村战斗后，第二战区副司令长官兼国民革命军第18集团军总司令朱德马上将战况通报武士敏，由于此次战役目标也已达成，朱德命令他迅速撤出战斗，向武乡方向转移。武士敏随即下令停止战斗，经来远镇东鱼沟向武乡转移，其他各路部队也都获得了胜利。

此次阻击战，169师全体将士遵照朱总司令的指示，采取小部分的游击战术，阻击日军于子洪口外，经过6昼夜的奋力拼杀，169师坚守阵地，没有后退一步，共捣毁日军车10余辆，击毙日军一名联队长、一名中队长，歼敌近1000名，同时169师也伤亡营长以下400多人。日军始终没有能突破169师的东团城防线，狼狈撤回盘陀休整。国民党169师的将士们，以自己的血肉之躯，证明了自己"守土抗战"的决心！自此武士敏名声大振，从此以后，日军竟然一年的时间内都没有敢再来子洪口。

第四节　子洪口抗日战役祝捷大会

由于武士敏事先就命令169师官兵加固防御工事，带领当地的老百姓把物资全部转移，驻地民房虽被日军毁坏了不少，但老百姓的损失非常的微小，当地百姓都非常感谢武士敏的169师。此次反扫荡战役结束后，来远镇也立刻沸腾了。

169师在来远镇古庙里召开了"子洪口抗日战役祝捷大会"。子洪口抗战胜利的消息已经传开，武士敏的169师受到沿途百姓们的热烈欢迎，给他们提茶倒水、奉送水果粮食的人很多。

在祝捷会上，八路军总部派来了星火剧团。《华北日报》《新华日报》等都派来了记者现场采访，并随后在《新华日报》上宣传报道了国民党169师在子洪口战役中建立的丰功伟绩！这是在整个抗日战争中，国共合作，同舟共济，共同作战的一

次光辉典范！

身材魁梧、神采奕奕的武师长在祝捷大会上发表了坚决抗战的讲话，他说："守土卫国是我们军人的天职！日军一天不出中国，我们的职责一天不能完，这是为了国家民族的生存，也是为了自己的生存！""不管我们有多大损失，也要誓死坚持抗战到底！"这都表现了以武士敏为代表的国民党169师的将士们，在中国历史上这场空前的民族危机中，捍卫民族独立，维护民族尊严的民族气节！

战后，《新华日报》记者董谦根据八路军总部的指示到169师师部采访了武士敏。董谦在他的"向浴血奋战的169师将士致崇高敬礼"的报导中写道："白晋路上子洪口战斗，是继和辽战斗后最大而激烈的战斗，参加这次战斗的主力军，就是素称英勇善战的国民革命军第169师。"在朱德、彭德怀统一指挥下，东路军经20余日的血战，武士敏将军亲自率部据守子洪口要隘，同日寇109师团血战数昼夜，直到日军受到重创，逃跑为止。4月15日，最后的长乐村一战，武士敏和八路军通力合作，将日军的九路围攻完全粉碎，这不仅阻止日军进迫腹盆地区，东犯沁县、武乡，从而使晋东南敌后抗日根据地得到巩固和发展，也粉碎了日军侵占中条山越过黄河的企图。这也是国共合作、团结抗日、坚持抗战的一个范例。

祝捷大会后，为纪念在这场战役中牺牲的战友，169师全

抗日英雄
武士敏

体官兵在祁县来远村马儿窑山下，修建了规模宏大的"子洪口抗日战役阵亡烈士公墓"，安葬了在对日作战中牺牲的战友们。公墓四周栽有松柏树，树外用汉白玉栏杆护着。数座大公墓前，均竖着石碑。"不管我们有多大损失，也要誓死坚持抗战到底，绝不撤退！"在祭奠烈士时，武士敏向静静躺着的169师英烈停下脚步默哀，看在眼里，悲愤咽在肚里。武士敏带领着169师全体官兵沉痛而坚定地宣誓，眼睛放射出了一种乐观而坚毅的光芒。在接下的抗战中，武士敏将军与八路军密切配合，打退了日军对我抗日根据地的多次猖狂进攻，坚持了山西的抗日战争，为稳定全国抗日战争的局势，支持正面战场作战，做出了巨大的贡献。

第五节　认真学习游击战和政工经验

子洪口等战役后，武士敏师长深刻地总结了战斗中的经验与教训。

为了以后与友军同心协力打日军，武士敏给八路军提出了很多建议。他认为军民关系在大难当头时，更应紧密团结，尤其希望地方政府，多多注意帮助运输伤兵的问题，也希望地方政府能争取敌占区的壮丁，都能使其不为敌所利用。在子洪口战役中，敌伪军差不多都是从平遥和榆次这一带被迫抓来的民众，有不少是吃"料面"和贪占小利的一些人。日军利用中国壮丁当炮灰，打自己的人，就是一个血的教训。对于当前的地方政府方针，他极力主张一切应以"对抗战有利"为前提，必须同舟共济，患难相扶，才能坚持华北抗战到底，驱逐日本强盗出中国去！

同时，从响堂铺战斗到长乐村战斗，八路军的游击战术让国民党友军大开眼界，漂亮的伏击战令友军将领叹为观止。武士敏越来越认识到了敌后抗战中游击战术与政治工作的重要，在子洪口战役中，国军也采用起了"游击战"，原本薄弱的战斗力变得强大起来。而169师最缺乏的是新式武器和采用群众性的游击战术。这次阵地战中，169师受到相当损失，不能说与这完全无关。为了提高部队的政治素质和战斗力，武士敏向八路军提出了学习游击战术和学习八路军政治工作的请求。

武士敏的这一提议当即受到了八路军领导的肯定。为此，八路军总部决定专门开办一所游击战术和政治工作训练班，地址选在距八路军总部不远的型庄村。训练班设在型庄村老爷庙，庙在抗战时被日军烧毁，只留下墙基。游击战术和政治工作训练班，主要招收东路军中的团、营级干部，学期为一周，共办三期，培训学员近百人。由八路军总司令部负责游击战术培训班，参谋处领导负责讲授军事课程，朱德、彭德怀等八路军高级干部都亲临讲课，为东路军培养了不少敌后抗日军政官员。左权副参谋长讲的课程为《坚持华北抗战的战术问题和军事教育问题》，更是深受大家欢迎。

同时，八路军还从野战政治部选派了一批有工作经验的政工干部，到国民党军队中去，协助做其军队的政治思想工作，增强了其军队的战斗力。169师驻防于各山庄窝铺期间，借调来近十名宣传队员，对169师开展了全师的集训工作。男同志深入离前线较近的村庄，如东西团城、谷峪口、盘陀等，发动沿线群众，宣讲抗日政策，鼓舞民心斗志，与当地村干部逐家逐户宣传抗日政策，组织民众成立担架队、后勤队给送饭送水。女同志先后到169师师部、旅部、团部、营部慰问演出，开联欢会，在军民中教唱抗日歌曲、"三大纪律八项注意"等，从而提高了169师的军纪，鼓舞了169师斗志，融洽了169师军民关系。八路军的宣传队员，不论走到哪里，都会受到169师广大指战员的热情欢迎。在这一影响下，169师也组织起剧团，与决死队剧团共同组织当地群众宣传抗战，并组织儿童妇女学习文化，武士敏又请了一位日文教员教官兵们日语口号。

武士敏抽调大批军政干部，分批派出自己部属几十人，到八路军部队里，学习战时政治工作、民运工作、日军工作、游击战术等，还特别注意学习八路军政治工作的具体实施办法，收到了很好的效果。同时，他对他的部下谆谆教导，管束非常的严格。武士敏派出便衣队及小部游击队到山外活动，在当地

抗日英雄小故事

居民的协助下，破坏了数处公路及割断敌架设的电线并俘敌翻译官田敏、金桂玄及士兵北风政一，同时敌小队长金森进也向169师投诚。偶尔，有人违反纪律的，武士敏丝毫不顾及人情，必定严肃地处治，并号召人民随时检举揭发，以此来追求改进。从这一些事情便可看出武将军的英才卓识，所以他的部队充满了勃勃生机。训练班为东路军各部队培养了一批敌后抗日军政官员，通过培训更好地沟通了八路军与友军的关系，大大促进了八路军与国民党友军的联系与协作，增强了169师的战斗力，为东路军在抗战初期团结合作、共同抗日起到了积极的作用。

抗日英雄

武士敏

第五章　工作和生活上严于律己

第一节　治理军队铁面无私

武士敏是一位有谋略、有见识的军事家，每一次战斗，他必定身先士卒，亲临前线。他指挥的战争常常转危为安，老同事们也都称他为福将。虽然武士敏对待官兵感情深厚，但是他治军非常严明，训练部队也很严格，对违反军纪军法的人，从不手软，绝不优柔寡断。当时，169师在长期困守和艰苦行军之后，因补给困难，官兵终日吃不饱饭。在此情况下，纪律不免松懈，士气不免低落，武士敏认为要扭转此种风气。

首先，从教育入手。武士敏规定部队每天早晨5时起床，点名后举行朝会，全体官兵一律必须参加。在朝会上，不管是酷暑还是严寒，武士敏一早就到操场亲自督练，操练后经常集合官兵讲话。他讲话的内容多属革命、反帝、救国、爱民的道理，他说："日本的确是一个工业强国，但它是帝国主义，对内贫富悬殊，对外则进行侵略，苦害我人民。"除谈了部队的情况外，武士敏还着重指出军人应该严守军纪，保护家国，安抚百姓，恪尽军人天职。有一天朝会上，一个参谋长因迟到，而被当即罚立正。有一次在操场上，因第三旅迟到，参谋主任被当即罚跪。当时教育的严厉，可以想见。武士敏常常深入军中基层了解官兵们的学习工作情况，支持、尊重他们的工作和建议，并不失时机地对他们进行爱国主义教育。有一次，身为师长的武士敏到军部开会，抽空到政治部看望大家，正值全体政工干部上日语课，大家出于对武士敏将军的尊敬，请他给大家签名留念，政治部负责人看人太多就说："还是请师长给咱们集体写个条幅吧！"武士敏随即写就下列条幅："国破山河碎，城荒犬狼行，父老遭涂炭，羞煞带枪人，军民团结紧，合力扫妖魔，抗战必胜利，建国定成功。"看罢条幅，在座官兵无不深受教育。

其次，是抓紧术科训练。每天两操两课，所有将士都必须亲自参加。武士敏尤其注意战斗演习，如野外勤务和夜间教育等。武士敏每日亲自巡回视察各部队教育进展情况，赏罚严明，丝毫不徇情面。他严于治理军队，很重视军队与人民群众的关系，提倡"不扰民，不害民，爱护民众"，对此执行得非常严格，尤其不允许部下打骂老百姓。有一次，中校团副王喜堂去武乡涌泉采买粮食，因为运输缓慢而毒打村长。武士敏知道后，立即命令将团副王喜堂就地枪毙。还有一次，一个连长扔掉一连兵，擅自潜逃回家。武士敏听说后，立即把这个连长给制裁了。他们都是武士敏多年的老部下，应该说是可以原谅的，但武士敏坚决处以了死刑，他对将士们说："别人的兵我管不了，我武士敏管的兵谁要祸害老百姓，无视军纪，军法无情，绝不轻饶！"他对部队的管理是有一定的见解和原则的。

最后，严厉查禁官兵吸食烟毒。部队中如有运毒、贩毒的官兵，一经查实，立即枪决。有损害人民财物，侮辱妇女的也绝不轻易饶过。一些军官擅自离队返回陕西，有的染上了鸦片恶习，日久成瘾，陷溺愈深。有一年严冬，士兵衣单履薄，军食都没有着落。武士敏的部队驻扎在云岩河下游，一个靠近黄河西岸幽静的小村镇，这里的老百姓大多都种植鸦片，吸毒者很普遍。官兵住到一所小学内，每天听收音机消遣或到云岩河去游泳。武士敏毅然下令严禁官兵们吸食居民送来的鸦片。但因积习难改，一些瘾官兵仍阳奉阴违，暗地吸食，武士敏亲自带兵搜查，查出将士的烟具，于是立即扣押。第二天，武士敏在操场上亲自宣布并出示烟具证物，将暗地吸食的将士以违抗命令罪当场枪决，全军都无比惊异。从此人人戒惧，烟毒得以肃清。在武士敏雷厉风行，大加整顿之下，部队的精神面貌焕然一新，军事素质大为提高，军民关系大为改观，战斗力大大加强，为日后的抗战胜利打下了基础。

第二节　生活节俭简朴

作为塞外人，武士敏生性慷慨、豪爽，为了寻求救国的道路，为了资助革命，他仗义疏财、慷慨解囊，将祖辈在柴沟堡留下的家产散耗殆尽，所剩无几。武士敏一生不爱钱，从不考虑弄钱置产业。从潼关到西安，武士敏将军一家都是租住在警备司令部的小跨院。武士敏牺牲后，留下的唯一财产就是杨虎城将军给他买的坐落在西安安居巷 8 号至 10 号的一处院宅，除此以外，"房无一间，地无一垄"，可以说是穷了一生。

武士敏的私人生活非常俭朴艰苦，日常生活中和战时从没有穿过一双皮鞋，也从没有穿过一套呢军装，始终是穿着布衣布鞋。将士们常说武士敏将军有四件宝：水笔、毛毯、自动表、外带一件破皮袄，这就是他唯一的值钱货。武士敏的一件毛都磨短的绒斗篷，不知是多少年前的老古董了。武士敏随身携带的一只大号派克笔，一块自动表，是冯钦哉送给他的。只有那块俄国毯子，大概是在西安时自己花钱买的。除此以外，就数武士敏最喜爱的几匹马了，按说做了许多年的旅、师、军长有部小轿车是说得过去的，谁知武士敏仅仅备用过两次冯钦哉的大轿车。他说他是老骑兵，还是骑骑马吧！

武士敏不讲究吃喝，吃的更为简单，平时的小厨房只是比将士们多些鱼肉。在驻守中条山时，武士敏是中条山守军中唯一没有携带家眷的高级将领，作为军长，武士敏本人的生活也十分简朴。当时的中条山的条件非常艰苦，武士敏将军和战士们一起吃煮戴帽高粱、黑豆、野菜、小米。武士敏的大儿子当时正好从重庆出差到西安，特地去看武士敏，武士敏就让大儿子带牛肉干。与环境艰苦，生活物资匮乏相比，各部队之间的歧视和待遇不公，更令武士敏难以忍受。

武士敏要求自己的妻子一定要勤俭治家，要求自己的孩子从小就学习做一些力所能及的劳动活，从不许别人喊自己的孩子少爷、小姐，让勤务兵都直接喊他们的名字。当时，身为师长的武士敏将军有一部专供他使用的小汽车，但是武士敏从不让自己的子女坐，即使下雨天，也让自己的子女步行到学校。有一次，武士敏外出公干，要几天才能回来。没有父亲的监督，武士敏的小儿子便每天偷偷跑到街上去玩，偶然的机会看到自行车行卖一部小型脚踏车，在20世纪30年代，小型脚踏车是一件奇物，价钱也特别贵。武士敏将军的小儿子就缠着一起出

来的司令部的副官，非买不行。没有办法，副官就给买了。拿回家后，武士敏的妻子见孩子喜欢，二话没说，就直接付钱了。第二天，武士敏将军回来，看到车子，非常生气，狠狠地踢了孩子一脚，叫人把车子送回去，宁愿赔几个钱也不准拿回来。武士敏的妻子见孩子哭得非常可怜，就说："算了，车子已经买回来了，就让他骑吧！"武士敏却摇头拒绝，接着说："不行，孩子从小要养成俭朴的习惯，我们的孩子不能比别的孩子特殊。"之后，武士敏亲自带着小儿子去街上卖车的店里，将小型脚踏车给退掉了。在武士敏身体力行的教导下，他的子女也都继承了他节俭简朴的优良品质。

第三节　文化兴趣广泛

武士敏不仅治军有方，文韬武略，而且精于书法，尤工草书，经常与于右任等切磋研究。武士敏曾奉命修复黄帝陵，巡视检查乔山陵道时立碑题字，留下墨宝"桥陵圣境"四个大字。武士敏在家吃饭，从不饮酒，就是在外面应酬，也从来没有喝得像个"关公"一样的回家。回家后，武士敏就在煤油灯下看书，并且每天都要抽时间来练书法。

武士敏兴趣很广泛，也喜爱球类运动，支持部队开展体育活动。在洛川，部队驻扎近两年。武士敏的部队有一个业余的秦腔剧团，在他的组织和支持下，秦腔剧团经常为地方群众演出。同时，武士敏还派有学历的官兵在中小学上课，以补充当地教师的不足。

从小到大，武士敏的学习一直是轻松愉快的。因为武士敏的学习效率很高，数理课全部都乐意在当堂解决问题，所以他课外很少参加自习活动。作文课遇到武士敏有兴趣的题目，可下笔千言，如不对他的心思，几百字了事。中学时代的武士敏，不太看重学习成绩，更加注重政治活动。然而，正式成为一名革命军人后，武士敏感到自己连年率兵征战，如不掌握现代化的军事知识，将不足肩负救国的重任。面对日寇的疯狂进攻，武士敏深感中国国防不固，军人素质不强，他说："困难至此，正是军人报效祖国之时，但非有高深学问，不能负此重任。"于是，1936年秋，武士敏请准考入陆军大学特别班学习。

武士敏是一个很严厉的人，走路、站、坐仍保持着军人的姿势，行事雷厉风行，颇具军人风范。武士敏也很注重自己子女的教育，孩子偷懒了，他也一定严厉地惩罚。武士敏让孩子读《古文观止》等古书，为了考察子女的学习情况，他常常抽查子女的背书情况。子女们背书，贪玩没有背出，写毛笔字，如果哪一笔写得不认真，武士敏一个棍子就敲过来了。子女吃饭时如果不小心掉了饭粒，武士敏也会马上严厉地警告。武士敏在书房写字时，要子女在一旁观看，书法写完，最后要盖上印，小儿子看见有些小的印盒很好玩，武士敏将军就说："既然你（喜欢）这个送给你吧。"然后，武将军将自己的印泥盒送给儿子，勉励他好好写字，好好念书。如今，这个小小的印泥盒也成为武士敏将军留下的唯一一个遗物。

第四节　敬爱父母朋友

武士敏当时已经是国民革命军第 98 军的军长，他在西安的住宅，前院是 98 军驻西安办事处，后院住的是武士敏的家眷和亲戚。西安安居巷"武公馆"有两个院子，分别是前院后院，还有一个偏院，家里主要是妻子和儿女，但家里却住了很多人。

武士敏有种与生俱来的豪爽，什么人都可以交朋友，高兴起来就把人请到家里来吃饭。武士敏的部属、旅居西安的察哈尔省（现河北省）的老乡、大哥的朋友，甚至二哥的同学、逃难来的老乡都经常光顾，住在家里的宅子里头。这一些人里有长期住的，有短期住的，还有到了饭点儿来吃饭喝酒聊天的，几间客房从来没有空闲的时候。虽然比不上孟尝君的门客三千，但也是经常高朋满座，人气甚旺。武士敏每次回家都会有很多客人来访。每次开饭都要开四五桌，常常发生家里自己人不够吃的情况，家里人只得在饭做好后，打了饭菜到自己房里吃饭！家里有的人抱怨来人太多，吃住招待太费事了。武士敏的妻子翁止戈说："千军万马吃饱饭，饿死的是单身汉。"这句话不仅道出了人生的真谛，而且也展现翁止戈和武士敏的宽大胸怀和海纳百川的气魄。

武士敏能与士兵同甘苦、共患难，颇受士兵的爱戴。武士敏关心部属的学习和工作，而且对他们的生活、家庭也照顾备至。他的机要副官石中立和看护员刘鸣珊相爱，准备结婚。武军长关心下属无法回沦陷区的家乡，又不能回西安后方，于是，武士敏就在战地山西来远镇亲自为他们主持了婚礼。当天正好八路军派来星火剧团为官兵演戏，又正好是军士训练班的开学典礼，所以婚礼办得来远镇上整整热闹了一天。在炮火纷飞的战争年代，军长对部下的特别关怀，使下属非常感动。

百善孝为先，武士敏是有名的孝子，对自己的母亲是敬重有加，关心备至。他的孝道得到了家人、亲友的由衷赞佩。武士敏多年戎马倥偬，1930 年冬，任国民革命军第 17 路军第 42 师第 124 旅旅长兼任潼关警备司令后，家才总算安顿下来。生活安定下来后，在妻子的支持下，武士敏立即从老家接来母亲和一家人共享天伦之乐，并安排专人侍奉母亲。每逢因为公事，武士敏从潼关回到西安，他首先就是去向母亲嘘寒问暖，只要有空就陪伴母亲聊天。有好吃的，武士敏必定先让母亲吃。

1932 年冬，武士敏的部队开回西安西关大营苑后，他每天早上都要先到母亲房间问安，然后才去上班。晚上回来，武

士敏也是先去上房母亲房间坐上一会儿，和老人聊聊天，才回自己的房间吃饭、办公。有时，武士敏因为公事回来晚了，母亲已经睡下，武士敏就在窗外说一声："娘，我回来了。"有一天，武士敏的母亲突然中风，患半身不遂，一只胳膊不能抬起，感到麻木。武士敏知道后，心急如焚，找遍西安的中、西医给母亲看病，每晚总要亲自给母亲按摩，用煮好的药水给母亲搓、擦。母亲也怕武士敏担心过度，常常安慰他说："我老了，体弱多病，你千万不要着急。"后来，武士敏的孝心终有回报，母亲的身体渐渐康复了。每次有客人来拜访，武士敏的母亲总是笑呵呵的，并夸奖儿子武士敏说："我真为有这么一个好儿子而感到自豪。"

第五节　对爱情始终如一

武士敏生于一个富商家庭，本可以一辈子衣食无忧，在乱世中安安稳稳地过一生。但是，他舍弃了小康的生活，参军报国，为国难而奔走操劳。突然有一天，在军队任职的武士敏接到父母让他回家省亲的来信。父亲告诉他，在同村为他订了一门亲事。父亲最后说："回来完婚吧。"武士敏接到来信后毫不犹豫地请假回家完婚，他知道新娘没文化，可能不识字，出于对父母的孝顺和对传统婚姻的恪守，他没有反对这门婚事。完婚后，武士敏一个人返回了军队，妻子没有同来。同时，武士敏为了表明自己抗日的决心，给妻子起名字叫翁止戈，止戈为武，也含有停止干戈、企盼和平的意思。

武士敏不好色，一生没有娶过姨太太，在当时国民党高官当中也是比较少见的。在旧社会，军人们大多是三妻四妾，就连他的部下，有的团长都有一妻三妾，那是司空见惯的事情。但武士敏没有姨太太，也从来没有过娶姨太太的想法。因此，当时国民党中不少要员都和武士敏开玩笑，劝他舍弃一字不识的农村妇女，另娶出身高贵的小姐。武士敏听到别人的劝言，却说："她是我孩子的母亲，也是我的家乡人，抛弃了她，我将来何以向子女交代，何以面见家乡父老？"武士敏一生对夫人不离不弃，夫妻始终恩爱如初。

翁止戈一生夫唱妇随，相夫教子，对武士敏的工作从不乱发表意见。她嫁到武家后的很长一段时间，武士敏为了民主革命、抗日救国，从国民革命军的旅长、师长到军长，一生戎马，四海为家，遍历大江南北。因为武士敏是独子，作为唯一的一个儿媳，翁止戈勤俭持家，相夫教子，不仅要照顾体弱多病的公婆，还要照顾武士敏的很多亲人，家里的事都是由她一手操办、主持。她善于持家，全家人的衣服鞋子都是她自己一个人做的，她也从不让子女做少爷小姐。她没有文化，却性格开朗，非常识大体，跟着武士敏见过许多大世面，与 17 军将领的夫人都相处得非常融洽。

正因为有翁止戈的无私付出，武士敏才可以在前方安心抗敌，没有后顾之忧，没有为家庭琐事缠身。对于子女的教育，翁止戈从不给子女讲大道理，也从来没训斥甚至打骂过子女，但她给子女讲父亲武士敏如何精通书法，如何孝敬奶奶，对奶奶关心备至。翁止戈的言传身教使子女终生难忘，受益匪浅，她让子女知道一个人要讲孝道，要孝敬老人。一个人要有本事，文的也行，武的也行，总得干出点儿事来。

中条山战役前，武士敏感到大战将至。他返回家中深情地对夫人和子女们说："我抗战的目的是打败侵略者，我已做

了充分准备。我走后，你们要和睦相处，子女要听话，好好读书……"当日，武士敏还立下遗嘱，如果他战死沙场，妻子要好好养家和照顾子女。全家人闻言当场大哭，第二天，家人一起含泪送别武士敏，没想到这次送别竟成永别。武士敏殉国以后，他的妻子用抚恤金，在西安的东关买了一块地，用租金来维持家计，历尽艰辛把武士敏的子女抚养成人。

第六节　关心子女成长

武士敏曾经写信给远在西安的夫人说："连年兵荒马乱，隔山阻绝，一向音稀，然为夫为父无不每每念兹在兹，常将夫妻情怀儿女关切深埋于心底。"武士敏虽然戎马一生，对子女也非常关爱。一次过年，武士敏四岁的小儿子向父亲要压岁钱，武士敏不像其他大人直接给孩子一个包好的红包。他却是早就准备好了一些新的一块一块的法币，看到子女，直接从口袋里头掏出，就给了孩子，说："你们数吧，能数多少，就拿走多少。"武士敏对子女是非常关爱的，可这一份爱绝不是溺爱。小女儿十岁时，武士敏的母亲去世了，一家人送灵柩回老家安葬完毕后，返回到北京，住在旅馆里。武士敏的一位好友带着她的女儿去看望她们。朋友的女儿打扮得很时髦，可嘴巴却是兔唇，还不时地从皮包里拿出面小镜子来照。武士敏的小女儿看了觉得很好笑，忍不住就笑出了声。这时，武士敏脸色很严肃地推了女儿一把，吓得女儿闭住了嘴。客人走后，武士敏又教育了女儿说："不能讥笑别人的短处，尤其是对有缺陷的人。"这一件事，武士敏的小女儿一直记得，这也深深地影响了她的一生。

抗战期间，那是 1938 年春季，武士敏的二儿子和国立五中准备到延安读抗大或陕北公学的几位同学，从甘肃天水回到西安家中，武士敏的家便成了青年聚集的场所。几天后，武士敏的二儿子陪同学到 18 集团军设立在西安革命公园的招生处报了名。不久，同学们就奔赴了革命圣地——延安去了。以后，同学们从延安来信，向武士敏的二儿子介绍情况。武士敏知道此事后，并没有责备二儿子，给他的更多的是肯定。1938年的冬天，武士敏的二儿子和同学到成都学习。在校一起学习了一个阶段后，武士敏的二儿子打算考学校，同学们则打算加入救亡组织。数月后，准备加入救亡组织的同学们打算到延安，考虑到安全，也是住在武士敏的家里和外面联系。

这时，国民党早已封锁了到延安的去路，西安笼罩着白色恐怖。那时武士敏的家已为98军办事处，同时武士敏的家在当地还是有点名声的。同学们住在武士敏的家里，确实起到了"防空洞"的作用，躲开了特务的监视，才能够安全离开西安到达延安。而办事处曾把住进同学和去向的事告诉了武士敏，但是武士敏仍然让要参加革命的孩子们住着，直到他们离开，走向革命。在武士敏的观念里，抗日是不分党派的，革命是不分党派的。

武士敏的妻子重男轻女的思想很严重，对待儿子非常溺爱。可是武士敏和妻子却相反，武士敏对儿子非常严格，对他们的过错从不放过，几个儿子从小就害怕自己的父亲。而每次妻子斥责女儿时，武士敏便劝导妻子，给妻子讲重男轻女的危害性，经常说男女都一样。妻子在武士敏的耐心劝说下，对女儿的态度逐渐好转。

1940年，西安遭到了日军飞机的轰炸，武士敏和部队早已经开赴前线。因为要参加军事会议，武士敏最后一次回到西安的家中，这个时候武士敏的家已经搬到了西安的周边的小镇岐山。他的小儿子武铁已经读小学，因为逃学，武士敏让勤务兵下去把小儿子抓上来，狠狠地打了小儿子一顿。武士敏看到因为学校停课，刚入初中不久就辍学在家的小女儿，心中更是万分焦急。他当即对妻子说："女孩子也要读书，不能耽误，否则将来只能依靠别人，而没有独立生活的能力。"在武士敏重返前线时，他把女儿带到了西安，但因为西安的中学都外迁了，武士敏又想尽了办法将女儿送到三原去读书。而今，武士敏的女儿已经是一名优秀的幼儿老师。在武士敏的观念里，孩子就是一定要念书，只有读书才可以成为一个对国家有用的人。

抗日英雄

武士敏

第六章 转战中条山

第一节 粉碎十三路围攻，取得天神山大捷

1939年6月，据八路军的可靠情报，日军将由第109师团和独立第9旅团各据点抽调13路军队，大举进军中条山向169师围击，企图从平遥县豹凸山的侧面，袭击武将军驻在太岳区的第169师，准备三面环攻第169师，形势异常险恶。

根据战情，武士敏和将士们一起开会商讨，决定派副官处张天聪处长率领师部非战斗人员及携文件资料等物品退到沁县附近待命。参谋长秦逸民，参谋处长蔡画一，机要秘书石中立和一个无线电排随同武士敏赴前线指挥作战。这次反日军围攻师部决定采取外围大迂回游击战术，首先打击来自太谷白圭方向最薄弱的日军，然后转到日军背后，占据有利地形，分别袭击日军，彻底消灭来犯的日军。

于是，169师指挥部在来远镇以东的唐河附近集结队伍，首先打击由太谷、白圭方向来的日军。在消灭小股日军后，武士敏接到消息，又有一股日军向着169师背后追击。武士敏当即派出一个连占领两侧高地，当敌追踪靠近我军时，被我军占领两侧高地的战士用机枪猛烈还击，日军死伤大半，仓皇逃走了。

从清晨到中午，日军发动了三到四次冲锋，但都被我军击退，战斗进行得异常惨烈。众多士兵被日本兵刺中，鲜血淋漓，却仍奋力抱着日军厮打。有个士兵嘴唇四周已经血肉模糊，但还是抱着枪拼命射击。潘禹九团和武兆元的骑兵连分别击退向来远东进的日军和从西南榆社方向来犯的日军。在击退日军后，大部队又向西南前进，转移到了王和、王陶附近。下午，在王和、王陶一带，日军向我军投掷瓦斯弹、催泪弹，一时漫山遍野黄烟滚滚，催泪弹的烟雾弥漫开，部队不能向前前进一步。但由于我后续部队及时赶到，给了日军一阵痛击，日军仓皇逃回山外。169 师部各处也奉命向王和、王陶方向转移，在

抗日英雄
武士敏

李城村集中，就地休整三天。几天后，根据情报，沁源的日军也向 169 师扑来，武士敏立即命令主力部队转入东沟。在交口附近山上，我两个团的迫击炮连，用十二门八二迫击炮向敌轰击，将来犯的日军打得狼狈逃窜。大部队于是再次向南转进，沿沁水行军，到了府城镇南下。

1939 年 7 月，当 169 师沿着沁水向南转进时，突然，师后续部队在沁源天神山一带发现有日军的一个中队从尾部跟随 169 师，我军假装没有发觉他们。在这种情况下，武士敏将军指挥淡定自若，机动灵活地秘密将主力部队调出包围圈，并集中全师重火力和所有机枪部队，在 7 月 4 日晚上秘密转移到沁源对面的天神山上，武士敏将部队隐藏在寺庙和树林中，看到四周高山绵亘，峭壁陡立，山间几乎无路径可寻，突然灵机一动，决定利用优势地形，打一场伏击战。于是，他将一个连布置在贾岩沟两侧的山头，两个连布置在沟内两侧高地，一个排隐蔽在沟口两侧，将大炮和机关枪对准日军的来路——马家峪沟湾，诱敌深入。

7 月 5 日凌晨，天刚刚发亮，凶恶的日军，从积善庄、马家峪一拥而下。当日军到了贾岩附近时，武士敏将军命令在贾岩沟两侧高山山腰处的一个连由沟口进入沟内，尾随的日军跟着进入沟内。当凶恶的日军刚接近天神山山脚下，全部进入沟内的伏击圈后，武将军一声令下，霎时，沟口两边的机枪接连打响了，全部大炮和重机枪同时猛烈向日军发射、开火。吸引日军进入沟内的连队随即返身阻击日军，两面夹击。日军企图攻占两侧高地，而这时埋伏在两侧山头和高地的四个连向日军开火，紧接着战士们端着刺刀冲下山来，突然的迎头痛击让日军措手不及，169 师将日军压制在马家峪沟内，双方都拥到南山根底，整整打了一天。日军被打得狼狈不堪，日军的骡马也被我军全部打死，日军的一个中队被全部消灭在贾岩沟内，没有死的日军也无路可逃，相互践踏。日落后，日军退回了马家峪村后的寨沟。

第二天，日军被迫沿着西凹、黎和、胡家沟山上，窜入乔龙沟去了。169 师顺着南川和另一股日军血战，一直到沁河以南。之后，日军架炮组织反击，但我军占据有利地形，与敌血战数日后，169 军打退了日军的一次次进攻，成功地粉碎了日军的 13 路围攻，迫使日军后撤。因为，169 师在作战过程中采取灵活性的游击迂回战术，打掉日军就走，不与敌长时间硬拼，所以伤亡甚微。

第二节　晋升 98 军军长

1937 年 7 月 7 日，爆发了卢沟桥事变。中日开战，98 军全军奉命开赴河北省，参加抗日战争。部队开拔前，师的番号未变，旅、团番号有所变动。1939年3月，第42师和第169师合编为第98军，隶属第14集团军。由第14集团军代总司令冯钦哉兼任军长，柳彦彪任副军长。柳彦彪兼第42师师长，武士敏任第169师师长。由于第98军的前身是陕军杨虎城17路军的第7军第42师，所以它的主要将领和下级官兵绝大部分是陕西人和与陕西有深远渊源的外省籍人士。

1939年夏至1939年的10月，第169师在祁县子洪口粉碎了日军的13路围攻，并在沁源天神山奇袭了来犯的日军，这给了日军非常沉重的打击。取得天神山大捷之后，1939年10月，武士敏因为战果辉煌，晋升为国民革命军第98军中将军长。98军改隶为第5集团军，武士敏率部继续转战在中条山区沁水县端氏、东峪、西峪一带，抗击日本侵略军。

1939年冬，第98军，辖王明钦的第42师和郭敬唐的第169师奉命移师中条山。98军进驻中条山主峰历山一带，军部设在历山东麓舜王坪的舜帝庙内。历山舜王坪海拔2360多米，四五月依然不见春意，传说舜帝年轻时曾在这里躬耕。在98军进驻中条山时，日军一部突破中国军队第二道防线，战事吃紧，善镇、垣曲一带也面临着危机。武士敏立即命令两个主力团正面截击日军，同时派两个团迂回侧击日军，鏖战三昼夜，重创日军，并将其击退。随即，武士敏指挥98军乘胜追击至达山脚下。此后，武士敏命令部队在中条山构筑防御工事，以备再战。

1940 年，第 98 军改隶第 14 集团军，刘茂恩任总司令。经过几年残酷的战争，驻守中条山的 98 军，装备和兵员的消耗都没能得到有效的补充，部队几次大换血，补充了大量新兵，战斗力也有所下降。驻防中条山各部队疲惫已极，士气无法和抗战初期相比，因日军多年未能攻破防线，各部又渐生骄傲情绪，面对日军咄咄逼人的攻势，武士敏颇有巧妇难为无米之炊的感觉。这时已经是"中条山战役"的前夕了，武士敏已经感觉到中条山要打仗了。

1941 年 5 月，在中条山会战中，国民党军队 20 万人溃败，只有武士敏将军率领 98 军和八路军配合机动作战，顽强抗敌。98 军被日军重兵围困在中条山区，遭受了重大的伤亡，后来在八路军掩护下撤往太岳解放区。同年 9 月，在日军兵分九路对太岳解放区进行大"扫荡"时，98 军与八路军共同展开反"扫荡"作战。最后，因为没有及时撤退，98 军不幸全军溃败。

从 1939 年 3 月在山西前线组建、被授予第 98 军的番号起，到 1944 年 12 月在广西桂林该军番号被撤销止，国民革命军第 98 军一直战斗在抗日前线，从未打过一天内战。国民革命军第 98 军的官兵们来自五湖四海，只是为了一个共同的目的，那就是把日军赶出中国去。在持久、惨烈的抗日战争中，为保卫祖国、抵御外侮，他们浴血奋战，前仆后继，因为能在抗日前线英勇杀敌感到光荣、自豪，用自己的青春年华、热血和生命捍卫了祖国领土的完整、民族的尊严。我们应该牢记先辈们、先烈们为拯救我们伟大民族做出的无私奉献。

第 98 军的历史沿革简述

1. 西安事变前，第 17 路军第 7 军第 42 师。

2. 西安事变后，第 27 路第 7 军第 42 师，第 169 师。

3. 1937 年 9 月，第 27 路军改称第 98 军，编入第 14 集团军。

4. 1937 年 12 月，第 42 师，第 169 师改隶第 14 军团，第 42 师和第 169 师合编为第 98 军，第 98 军第一任军长是冯钦哉。

5. 1939 年 3 月，第 42 师，第 169 师合编为第 98 军，隶属第 14 集团军。

6. 1939 年 10 月，原 169 师师长武士敏接任军长，该部再次被改编为 98 军，下辖 2 个师。

7. 1940 年第 98 军改隶第 4 集团军。

8. 1941 年 9 月 29 日，武士敏在保卫岳南抗日根据地的战斗中在沁水东峪因受重伤，无力支持，遂自戕殉国。

9. 1941 年 11 月，刘希程继任军长。1943 年开赴广西，参加了鄂西、桂柳会战。

10. 1944 年 12 月，该军番号和第 42 师番号被取消，所辖部队缩编为第 169 师，改隶第 26 军。

第三节　日军的心头之患

中条山位于山西南部晋、豫、陕三省边界，靠近黄河大转折处的北岸，是西安、潼关、洛阳的东北部屏障。1938年春，国民党冀察战区总司令卫立煌将军率领20多万国军开进中条山，将中条山分为东、中、西三段，分别由所部三个集团军驻守，并依靠着险峻的山势构筑了坚固的防御工事，凭险抗敌，把偌大一座山体变成一个坚不可摧的山中堡垒。华北沦陷后，中条山是中国军队在黄河以北唯一集中重兵据守的防区，成为华北、中原和西北的战略枢纽带，被国民政府视为抗战时期"关系国家安危之要地"。

日军窥视中条山已久，因为日寇在占领了河北、山西的各大城市和战略要地后，如果想要南渡黄河，进扰西安，威胁陪都重庆，必先占领中条山。同时，中条山北上通过晋东南与华北相连接，它的存在严重威胁到华北日军的后方安全。日军攻下了中条山，也就同时解决了久攻不下的太行根据地。1938年至1941年初的四年中，华北日军为了攻占中条山，曾先后进行了13次大规模进犯中条山，都碰得头破血流，惨败而归。国军在中条山以巨大的代价坚守了5年之久，一次次粉碎了日军的进攻，是日军的心腹大患。有鉴于此，卫立煌曾自豪地把

抗日英雄

武士敏

中条山称为"中国的马其诺防线"。

时间到了1941年5月，日军仍然无法占领中条山。经过几次大扫荡，八路军受到了相当严重的损失，丢失了大量的根据地。对太行山八路军根据地几次疯狂的扫荡之后，日军认为八路军已经被击溃，不构成威胁。然而，中条山在当时却有7个军的兵力，其中大部分为中央军，日军认为中条山的国军"已成为扰乱华北，尤其是山西的主要根源"，是华北日军腹中的"盲肠炎症"，必须尽快割掉。

同时，抗日战争进入战略相持阶段后，战争双方的战线保持了相对的稳定，日本侵华政策的重点逐渐向保守占领地转变。为了摆脱困境，日本修正了原来"不以国民政府为对手"的立场，加紧对国民政府展开诱降活动。正当日本泥足深陷中国战场，灭亡中国遥遥无期、进退维谷的时候，日本的法西斯伙伴德国于1939年9月1日，突袭侵占波兰。接着，德意法西斯互为呼应，又取得了对英法作战的胜利。在法西斯"伙伴"暂时胜利的刺激和鼓舞下，1940年底，日本政府调整了中国作战指导方针，作出"必须迅速解决中国事变"的决定，要求"在1941年秋季以前，改变预定计划，不放松对华压迫，准备在夏秋的时候，进行最后的积极作战，力图解决中国事变"。在此期间，竭尽一切手段，尤其利用国际局势变化，谋求"中国事变"得到定局。

随着 1940 年八路军在华北发动了百团大战以后，日军华北地区的重大损失使日军刻骨铭心，受到相当大的打击。华北会战日军中国派遣军惊呼："要对华北进行再认识。"此后，日本军方具体分析了中国战场的态势，认为主要占领区域的治安现状以华北为最差，山西省由于西面有以延安为根据地的共产军，南面黄河两岸有中央军第一战区的军队活动，治安情况极为恶劣。河南、山东两省的治安也不稳定。而在整个日军占领区内，华北之"晋南是有蒋直系国军残存的唯一地区"。

有鉴于此，1940 年 12 月 26 日，日本东条陆相和杉山总长在迅速解决对华问题上取得一致意见，提出"不要单纯考虑南方，要确立以中国和北方问题为主的方针"。1941 年春，经过一番整顿后，日军华北方面军下大决心要先解决中条山国军，而后解决晋东南八路军，一场更大的恶战即将来临。

第四节　抗战条件艰苦

中条山位于山西省南部，紧靠晋、陕、豫三省边界地区和黄河，东西约 170 公里，南北约 50 公里，东至太行山、太岳山，西接吕梁山，向西屏障潼关、西安，向南屏障洛阳，是华北、中原和西北的战略枢纽地带，也是守卫洛阳、郑州、潼关、西安的天然屏障，战略地位因而异常地重要。因此，日军视中条山是它向南前进的主要障碍。

当时国民政府驻在中条山的部队有第 5 集团军（第 3 军、第 17 军）以及第 43 军等。中条山的主峰历山位于沁水境内，海拔 2360 多米，四五月依然不见春意，传说舜帝青年时期曾在这里躬耕。武士敏的 98 军奉命守防中条山，军部就设在中条山东部主峰历山舜王坪东麓的一座舜帝庙内。

中条山地处吕梁山区，本来就是中国最贫穷的地方之一，当地地广人稀，物资匮乏。从 1938 年夏到 1941 年 6 月，驻守在中条山的 20 多万大军是在生活极其艰苦的条件下，与敌展开你死我活的殊死斗争。当时中条山不产粮，如果想和日军长期作战就必须储存粮食。由于所需要粮食量大，后方与前方的补给线长，再加上山路崎岖，峭陡难行，给运输造成极大困难。运输部队需要先穿过山西几百公里的大山，再用木筏木船将粮食运送过黄河。中条山国军部队的士兵们每天都要分出三分之一的人去打柴、挑水和去黄河边搬运粮食，再靠人背着粮食徒步走过上百里山路，回到驻地，一趟往返要 2~4 天时间。有时部队还需自己派兵去驮运军粮，把小麦磨成面粉。一旦遭遇恶劣天气或者日军袭击无法运输，那么山上立即就会断粮，还得靠野菜充饥。

粮食补给实在太困难，每个部队顶多只有三天的存粮。

抗日英雄小故事

抗日英雄

武士敏

平时不打仗的日子，普通士兵也吃不饱肚子，至于鸡鸭鱼肉、水果蔬菜等副食更不要说了。连团长这样的中高级军官也只能吃点卤菜下饭，这一点卤菜也都让旁边的士兵看着眼红不已。因为整个中条山都缺盐，官兵们往往一两周才能吃一点盐。只有每年过年的时候，部队才可以改善伙食，官兵才能吃上一二两猪肉，一二两猪肉就足够让士兵们个个兴奋地嗷嗷叫了。

至于防卫上，中条山都是石头，无法修筑坚固工事。中条山上的国军士兵只能修建一些简单的土木工事，这种工事防卫日军步兵是足够了。可是，如果面对日军大量重炮和飞机的打击，这些工事就变得毫无作用了。为什么不尽量把工事修筑坚固点？这实在是因为国军没有这种技术力量，只能依靠士兵的人力来修筑工事。这种石头山的很多区域无法修筑工事，连散兵坑都挖不出来，一把崭新的十字镐一天就会挖坏。士兵们只能用麻袋装一些土，再砍一些树木，修筑成简易的工事。同时，枪支、弹药、棉衣、军粮也会常常短缺，杂牌军和中央军待遇也不一样，因为武士敏率领的 98 军是陕军，他部队的枪炮明显都不如中央军。

尽管战斗环境极其恶劣，但官兵们仍然坚持苦守中条山数年，先后共击退了日军的 13 次进攻，把日寇挡在了黄河的北岸，消耗了日军的有生力量，使日军陷入战争的泥潭。由于前面 13 次进攻，驻守此处的西北军，17 路军旧部等损失巨大，有的部队 1 个师甚至被打成了 1 个旅的兵力，已经被调往其他战场。目前驻扎中条山的部队也是各战场打残的部队，这些部队以中央军为主，老兵不多，新兵过多。第 3 军下属第 34 师虽然在 8 个月以来不断地补充了 2000 多名新兵，但因为受不了中条山这种艰苦的生活，不到一年，士兵就逃走了一半。因为新兵多是抓壮丁来的，在中条山驻扎上 1 年，身体强壮的士兵也会变得相当瘦弱，几乎人人都有慢性疾病。所以，中条山在几年的防守中，98 军的战斗力大为下降，士兵的士气也变得很低落。

第五节　粉碎日寇的"八次包剿"

1937 年 11 月 8 日，太原陷落，国民党中央军和晋绥军沿同蒲路、平汉路大举南撤。但武士敏将军坚决反对恐日思想，率领第 169 师与八路军、决死队、国民党骑四师王奇峰部、四川军队李家钰都坚持山西抗战，与日军周旋于太行山和太岳山上，钳制太原、晋中的日军，多次与日军交战，屡挫敌锋，立下了不朽的战功。

尤其是 1939 年，由于日军的残酷进攻和国民党内投降妥协气氛的影响，国民党朱怀冰等部队都离开了艰苦的山西根据地。阎锡山更背信弃义地发动了"十二月事变"，密令其部队消灭山西新军，还派人拉拢武士敏将军夹击山西的八路军。而武士敏将军义正词严地拒绝了阎锡山的要求，表示要坚决与八路军合作，继续坚持合作和友好的立场，并在官兵中经常宣讲"抗日高于一切，坚持抗战到底"的道理。在武士敏的领导下，98 军与朱德、彭德怀领导的八路军密切配合，打退了日军对抗日根据地的多次猖狂进攻，模范地执行了以国家民族利益为重，共同抗日，坚持团结抗战，不把日寇赶出中国绝不罢休的正确方针，为稳定全国抗日战争的局势，支持正面战场作战，做出了巨大的贡献。

从 1939 年冬天以来，一直到 1941 年 5 月，中日两军在中条山激烈争夺，枪炮声不绝于山谷。在极其艰苦的条件下，武士敏率领第 98 军以中条山为基地，利用舜王坪地势险要、易守难攻的有利地形和坚固的防御工事，与当地军民联手，不断派小分队以出其不意、攻其不备的战术袭击日军，扰乱其后方，曾八次击退日军对第 98 军防地的进攻。因此，日军视武士敏部为眼中钉、肉中刺。

武士敏带着部队且战且走，不断给日军以重大的创伤。有一次，新兵团里一些 17 岁左右的新兵在黄河滩上突然遇到日军，与日军展开舍命拼杀。在牺牲了二百多名小战士后，八百多人被逼上了河岸边一百八十多米高的悬崖。

八百多名年轻的中国士兵站在高高的悬崖上，身后是奔腾咆哮、一泻千里的黄河；面前是密密麻麻、张牙舞爪的鬼子。放眼望去，东、西、南、北重峦叠嶂，云雾缥缈处则是他们的故乡……

一个战士在战斗中一条胳膊被日军的战刀砍断了，他和战友们含着泪，双膝向着陕西家乡跪拜，之后便集体投河。最后，只剩下一名士兵，他的双手紧紧攥着 98 军的军旗。鲜红的军旗已经破旧，被枪弹撕裂，他却仍然双手高擎着。在跳河前，他最终吼唱了几句秦腔，是《金沙滩》中杨继业的两句——

两狼山——战胡儿啊——天摇地动——

好男儿——为国家——何惧——死——生啊——

后来，日军退却。当地的村民突然发现黄河水浪里有一杆军旗，人们下河打捞这杆军旗时，拖出两具尸首来。旗杆从一个鬼子兵的后背戳进去，穿透前胸。压在鬼子尸体上边还紧紧攥着旗杆的人，就是那个吼着秦腔最后跳入黄河的中国士兵。

1940年底，中条山的枪炮声渐渐沉寂下来，98军局部的胜利无法扭转整个战局。中条山的抗日战争进入了最艰难的相持阶段，部队什么都缺，缺人、缺粮食、缺衣物。在战役相持阶段，武士敏为了补充98军的战斗力，派团副回西北军的陕西老家征兵。团副回到陕西故乡，大呼一声，"招兵了""招兵了"，整村整村的青年跟随着他奔赴中条山前线。陕西男子被称为"冷娃"，意思是性子刚硬，不怕死。而在抗战初期，就是这些"冷娃"用自己的血肉之躯，筑起了保卫家乡保卫大西北的长城——中条山。

第六节　日军有备而来

1940年底，侵华日军决定推进其南进计划"要竭尽可能打击中央军"。1941年1月30日，日本中国派遣军提出1941

年度的作战，根据当前任务，大致确保现在的占领地区，尤其在夏秋季节须发挥综合战力，对敌施加重大压力，特别期待在华北消灭山西南部国民政府中央军。中条山战役是日军1941年的首要战役，也是日军在敌后发动的最大规模的进攻作战。为了此次作战，日军疯狂增兵，甚至从华中和关东军处抽调大量部队参战，不惜一切代价集中兵力进攻。

为了彻底消灭中条山的国民党部队，日军充分地吸取了前面13次失败的教训。前面13次大战，日军多是出动数万人部队进攻，不充足的兵力自然无法紧密合围中条山，国军随时可以突围出去。经过深刻地反思，日军高层决心加大兵力。1941年2月中旬，日本中国派遣军军部下令调南昌地区的第33师团，苏北、皖东地区的第27师团，第一军和华北方面军的第33、第37、第41、第35、第21师到中条山，又从关东军调来飞行大队第32、第83战队和化学部队参战，日军总兵力10万余人。中国方面守军共有2个集团军、8个军、19个师和4个游击纵队，约15万人。

1941年5月7日，日军发动中条山战役，集结临汾、长治、晋城10万多兵力，分14路再一次向中条山这块顽强的堡垒进行合击。最终用于中条山战役的日军高达6个师团，3个独立旅团，以及一个完整的第3飞行集团。仅仅陆军兵力就有16万人，配合大量重炮和坦克，参战日军全部是精锐部队。

除了战斗力的优势以外，日军此次是有备而来。根据之前失败的经验，日军没有像以往一样摆开架势高歌猛进，而是从东北、东、西三个方面向我军突然进攻，分为九路四面合围，力图首先切断中条山和后方的联系，而国军防卫中条山有个最大的问题就是，中条山是在黄河北岸，北岸全部是日军控制地域，只有南岸才是国军控制区。中条山所有补给和撤退道路都必须渡过黄河！一旦中条山南渡黄河的渡口被日军控制，那么国军就会处于一种要打没有后方粮食补给，要退无路可退的局面。

日军进攻一开始就全力进攻所有黄河渡口，不但用了坦克部队，甚至还用了伞兵。最终日军以相当大的伤亡，在 12 日将黄河渡口全部控制。由于后方渡口被切断，粮食补给已经断绝，国军只好靠吃野菜度日，继续坚持作战。蒋介石立即命令南岸国军采取反攻夺回北岸的渡口，立刻增援中条山。可惜南岸国军不仅数量不足，拼死进攻了数日，进展非常小，同时之前也完全是做防卫准备，根本缺乏进攻实力，没有能够打开增援中条山的缺口。

日军对中条山进攻了 5 年的时间，已经对该山上的一切都非常熟悉，情报工作做得非常完善。所以，在进攻渡口的同时，日军调动主力采用双重合围的战术，全面进攻中条山，成功地合围孤立国军各部队，突袭了国军指挥部。国军简易的土木工事遭遇到了日军重武器的打击，一个个被打得粉碎。同时，日军采用了特种作战和空降作战配合的方式，利用特务和空降兵一举插入中条山腹地，全面攻击各军指挥中心，将好几个军的指挥部打瘫。一时间，国军各军陷入混乱之中，相互之间也失去了联系！

第七章　坚守中条山

第一节　一举夺回唐王山

1941年4月初，彭德怀致电卫立煌，提出八路军将主力一部进入中条山及汾南地区。经太岳军区司令员陈赓与第98军军长武士敏交涉，双方达成协议，八路军太岳部队顺利进入太岳南部。

1941年4月中旬，日军集中大批兵力在侯马、运城一带由夏县向山区进攻，第5集团军曾万钟部，第93军刘戡的部队、游击第6纵队毕梅轩部均未能守住各自的阵地，致使日军从夏县攻上中条山的唐王山高地，并占领了附近的关帝庙等山头。武士敏军接到攻下唐王山高地的命令后，立即率领部队向唐王山方向前进。

唐王山也叫护驾山，相传隋朝末年，唐王李世民爷几个起兵反隋，有一次李世民兵败，被隋兵追杀，走投无路的时候，逃到这座山上，据险死守，隋军居然没有攻下。不久，救兵到来，将隋兵击败，李世民大难不死，逃过一劫。李世民感激这座山救了他的命，做了皇帝后，他亲自来到这儿，焚香参拜，封这座山为"护驾山"。当地百姓出于对李世民的敬重，也称这座山为"唐王山"。唐王山不是很高，海拔只有300米，但是山势陡峭险峻，怪石嶙峋。山顶有一圈用巨石垒成的关隘，凭险据守，真是一夫当关，万夫莫开。

面对险峻的山势，参谋处长蔡画一和机要参谋石中立主动请缨出战，随同武士敏一起指挥作战。武士敏派出两个团的兵力向唐王山的日军据点发动攻击。日军用迫击炮还击，火力相当猛烈，致使我军无法接近日军阵地。于是，武军长决定，两个团以营为单位将轻机关枪和重机关机集中起来，分成8个火力突击组，每组配备10挺机关枪，4挺重机枪，要求每个持步枪的士兵尽量多带手榴弹，一波又一波地集中火力向日军的火力点发动攻击，致使日军的火力点成为哑巴。瞬间，各种武器射出的子弹和掷出的手榴弹暴风骤雨般落入敌群里，日军鬼哭狼嚎，阵地成为一片火海。日军仗着武器的优势，拼命突围逃跑。一团团长冯汉英身先士卒，率领一个连的兵力冲上唐王山高地，击毙日军百名，169军迅速夺回了唐王山。

随后，武士敏率领第169师乘胜追击，师部派出两个营，一个营在埝掌附近打游击战，一个营在夏县附近打游击。前、后两个梯队拉开距离，肃静地往北疾行。队伍避开大道，专走偏僻的小路。山路崎岖，武士敏时而骑马，时而步行。黄昏时分，部队到达西南大山沟里的一个小村庄，村庄里空无一人。将士们不停地走了半天，个个感到又饥又渴，但找遍了村子周围，也没发现可喝的水。有人跑到村头的一个凹坑

抗日英雄
小故事

边舀脏水喝。武士敏见了，急忙大声阻止："不要喝，不要喝，这样会拉肚子的，里面有细菌。"他边说边取出一条毛巾，走到水坑边，招呼大家："来，用毛巾过滤一下再喝。"于是，人们都取出毛巾当过滤器，慢慢地滤着脏水喝。

几个战士从老乡屋里找出了一瓦罐酸菜水，其中的一个战士想把瓦罐端过来，好让武士敏先喝上一口。武士敏制止说："我不能喝，这水是你们找到的，应该由你们大家喝。"武士敏婉言谢绝，在战士们的坚持下，他接过杯子喝了一小口，然后把杯子交还给战士。

休息完毕后，我军率领的侦察人员前来报告武士敏，经侦察发现日军企图偷袭98军。武士敏对下属交代说："鬼子搜山的队形很密，一旦遭遇，他们马上会进行向心合击，那我们的处境将万分危险。现在千万不能让鬼子发现我们的行踪。夜间行军不易观察，你要多派侦察员出去，一边直接侦察，一边与沿途的秘密情报通信所联络，随时掌握确实情报，免得陷入被动。"下属遵命作了部署。

一连翻过了几道山梁，估计快接近附近的大路了。忽然，侦察员跑来报告："前面已被日军占领，一股日军正沿着大路向南搜索。"为了缩小行军目标，武士敏忙令前、后梯队加大距离，做好游击战的准备，一起对日军发动攻击，与日军展开了肉搏战，击毁开进村中的坦克车一辆。这次游击战斗我方消灭日军数百名，给予了日军沉重的打击，迫使日军退出了唐王山。

第二节　国军 20 万人溃败

当时，国民党驻守中条山的部队约 20 万人，为确保中条山这一战略要地的安全，从东起河南孟津西至平陆都布置了部队：裴昌会的第 9 军防守济源，刘茂恩的第 14 集团军的第 15 军防守阳城以南，抵挡东面的日军；武士敏的第 98 军防守董封，抵挡北面的日军；赵世铃的第 43 军防守在横岭关东南，抵挡西北面的日军；唐淮源的第 3 军，驻守在闻喜、夏县以东区域；孔令恂的第 80 军防守夏县以南地区。几路部队严密布防，严阵以待，准备抵挡西面的日军。

1941 年 5 月 7 日，日军在其航空部队掩护下，分四路向中条山发动总攻。北路由横岭关直指垣曲；西路由夏县东犯王家河；东路向孟县、济源进犯；东北路由阳城进犯董封。

激战至 12 日，日军以绝对优势的火力，又施放毒气，西北面的第 43 军防地和东面的第 9 军的防地首先被日军突破，日军长驱直入，会师垣曲，以至于我各路大军背腹受敌，损失惨重。第 3 军军长唐淮源，第 12 师师长寸性奇，新编 217 师师长王峻，副师长梁希贤均战死疆场，为国捐躯。第 3 军军长唐淮源身边只剩下一名卫士时，望着血染的阵地，他最后悲愤万分，举枪自毙！下属第 12 师师长寸性奇在组织部队突围时，被敌炮弹炸断股骨，为了不当俘虏，毅然拔刀自杀！中条山战役，中国军队一下子失去了这么多优秀将领，也砍断了我们中华民族的脊梁。

经过激战，中条山战局急转直下，中国军队"一经中间突破，各部皆陷于包围零乱之中竟至不可收拾"。短短一个月，在日军的避实就虚的作战方式，以及强势攻击下，20 多万国军竟然不堪一击。中条山抗战的历史是用中国将士的血和泪写成的。其战斗的惨烈，将士的英勇为中华民族抗战御侮写下了光辉一页。

中条山大战结束，日军仅战死 670 名，负伤 2292 名。而国军却被俘约 35000 名，遗弃尸体 42000 具，其余 10 万多人奉命退过黄河。中日对比的数字是极为惊人的，日军以 1：20 的微小代价，夺取了中条山及太岳山南部地区。日军惊呼："这是事变以来罕见的战果。"中条山战役以国军惨败告终，中国守军处处被动挨打，有利条件没有利用到，甚至没有还手的力量，与参加晋城战役时判若两军，国民政府也称中条山大战是"抗战之最大耻辱"。

中条山会战由于日方计划周密，准备充分，动用了飞机、大炮甚至化学武器，而我方由于没有充分准备，庞大的后勤机

关不能疏散，部队无法展开战斗，同时，军队的将领在战斗的过程中领导不力，指挥失当，错误地判断敌情，导致溃败。中条山的防卫能力也是有限的，各方面补给也不足，实际已经无法经受日军高强度的打击。很多国军部队和日军激战一周后就饿得举不动枪了，一些部队被日军包围以后，因为严重缺粮，实在无法坚持，只得向日军投降。国军总兵力大约有 18 万人，虽然数量比日军多，但实际上除了人数稍多以外，其他根本没有任何优势。由于中日两军战斗力的巨大差距，国军在防守中需要 2 倍数量的部队，战斗力才基本和日军持平。而如果是国军进攻，就至少要 3 倍数量优势。目前日军出动 16 万人，国军按照理论需要至少 32 万人才能和其对抗。现在国军不过 18

万老弱残兵，战斗力上已经远远不如对手，失败似乎是必然的。

在敌强我弱的情况下，中条山战役以失败而告终。战后，日军大肆吹嘘："中条山会战以赫赫战果胜利结束。"前方将士在补给不足，条件恶劣的情况下，从1938年下半年到1941年6月中旬坚守中条山数年。如果没有驻守中条山的前方将士击退日军13次进攻和在中条山会战中消灭了日军的有生力量，增加其后勤补给困难，战线越拉越长，打破了日军速战速决灭我中华的美梦，有效地实现了我方制定的从空间换时间的持久战略，日军早已南渡黄河，进逼洛阳和西安了！

第三节　98军顽强坚守抵抗

1941年5月7日，著名的中条山会战爆发，98军遇到了建军以来的最大的危机。东北一路日军第33师团及第4独立旅团，在飞机、重炮的掩护和配合下，向驻守在中条山的北面、西面、东面和东北面的中国军队发动了进攻，并使用了化学武器。而此时防守中条山的国军共有7个军，其中也包括武士敏的98军，该军负责防卫中条山东北的董封镇一带。当时，武士敏的98军和其他6个军的遭遇几乎相同。在东北线董封镇一带的第98军在武士敏军长指挥下，坚守阵地。由于第98军在战前已做好了充分准备，加强了工事建设，故而有力地阻止了日军的进攻。

根据军部命令，第169师的王钦轩旅长将黄维华团化整为零，以排为单位，游击到敌后，向日军发动袭击，干扰日军的进攻，使日军腹背受敌。98军和日军整整打了3天，将日军进攻部队多次击溃。在王村激战中，98军击溃日军2000多人，毙伤日军数百人，同时还击毙了日军滨田少将。

战斗到5月8日晚，日军猛攻不逞，恼羞成怒，极其凶残地使用燃烧弹、毒气和喷火器，首先突破西北面的第43军防地和东面的第9军的防地，日军长驱直入，会师垣曲。西路日军从夏县方面攻击第80军和第3军阵地，在炮兵和空军的配合下，向中国军队阵地猛攻，突破我军阵地。98军的勇士们前仆后继，始终坚守在阵地上。

后来根据"避免与敌决战，诱其深入而击"的命令，第98军放弃了梁树腰阵地，退到索岭泉一线。第98军作战序列为：军长武士敏，辖169师，师长王明清；第42师师长郭景堂。武士敏军长不失时机地命令邢海亭旅迅速占领两边高地，利用居高临下的有利地形，向进攻我军的日军发动猛烈攻击。98军与敌血战两昼夜，击退日军的数次进攻，又歼灭日军300多人，缴获轻重机枪12挺，步枪200支，防毒面具120余副。冯汉英团长率101团乘胜追击，再次夺回了梁树腰。第98军第42师副师长潘禹九部在博坪的南面与日军展开激烈的战斗，日军久攻不下，不断增兵。官兵冒着雨，空着肚子，进行顽强抵抗，阵地多次失而复得。98 军有了一定的伤亡，更可怕的是粮食已经快要吃光了。

5 月 13 日，中央军已处于日军层层包围之中。大批增援部队像洪水猛兽似的扑来，并同步施放毒气。除了驻守在东北面的 98 军顶住了日军强大火力的猛烈进攻，使日军受到了沉重的打击外，我军的各路防线均被日军突破。日军在多个战场取得胜利后，终于可以腾出手来，再次增加兵力，向坚守董封一线的第 98 军发动猛烈攻击。后来，98 军支持不住，被迫放弃现有阵地，向横河镇的东南地区转移。

武士敏指挥第 98 军在董封东北一线坚守了五六个日日夜夜，多次击退日军进攻，致使日军无法靠近历山，南渡黄河，侵犯中原，为扭转整个"中条山会战"的战局赢得了一线希望。并让日军受到了重大伤亡，连日方也承认"在中条山会战中 98 军对日军进行了顽强抵抗"。一寸山河，一寸血，98 军将士们用血肉之躯抵抗日军的进攻，保卫着祖国疆土。因此，98 军也受到了第二战区的嘉奖。

第四节　选择留守黄河沿岸

由于中条山战役指挥失利，20 多万中国军队溃败，惨烈的防卫战和突围战开始！蒋介石看到战争情形危急，在开战数日后立即命令中条山国军最高指挥官卫立煌，立即组织部队突围，退回黄河南岸。这个时候，日军已经将黄河渡口全部控制，并且将国军逐步分散开，国军准备一个一个突围，突围变得非常困难。

战斗到14日，由于西北面的第43军，西面的第3军和东面的第9军的防地被日军突破，致使我军各路部队前后都遭受日军攻击，粮食供应也因此发生了中断。蒋介石下令98军掩护14集团军转移，将其嫡系部队第93军刘戡部调离太岳山区，南渡黄河，保存实力，命令完成掩护任务后的第98军接管太岳山区。其他各路剩余部队均南渡黄河，退守河南。

为掩护14集团军司令部转移，武士敏将部队撤至横河镇、雪山一线，以便将更多的日军吸引过来。武士敏的部队原本可以像其他部队一样，南渡黄河，以求自保，但他不顾个人安危，准备率领98军全体将士继续留在山西，和太岳八路军南下支队一道转进敌后，坚决与日军周旋于中条山。

夜晚，98军一到宿营地，武士敏首先安排好警戒哨，然后派出几名侦察员到附近了解敌情。大家走了几十里山路，一个个疲惫不堪，他们随便吃点东西就在山间的空地上和衣而睡了。不一会儿，山间鼾声雷动。

"日军来了，日军来了！"突然听到有人高声喊叫，"赶快转移，赶快转移……"大家从梦境中惊醒，看到跑过来一个侦察员，腿部流着血，顿时紧张起来。据侦察员报告，从附近过来上千个日军，有鬼子也有伪军，正在分进合击。这时已能听到日军的枪声，情况十分紧急。面对复杂突变的局势，武士敏临危不乱，冷静果断地一边指挥大家迅速到村子南口集合，一边思考处置办法。

原来，日军观察到武士敏部远道跋涉，还没有即时做出战略部署，于是趁机分三路跟踪追击98军。天还没亮，为了方便部队在林子里疏散，武士敏部队分成两路，带领其中部队钻进了一条阴森森的峡谷。部队正要走出峡谷，不料被山上据点的日军发觉了，顿时枪声大作，子弹横飞。大家冒着嗖嗖作响的弹雨，迅速地冲了过去。翻过两道山梁，后面的日军仍紧追不舍，喧闹声依然清晰可闻。突然一颗子弹从武士敏身边呼啸而过，一个战士应声倒下。然而，98军以极旺盛的战斗意志，采取机动灵活的战略战术，晓息昼攻，迫使从济源突入的日军田中师团不堪疲惫，知难而退。勉强突围成功之后，98军几乎每天都和日军血战。日军一路尾随追击，最终武士敏率部马不停蹄地转移，奋力击溃拦截的日军，全军突围到太岳山区八路军控制区域，摆脱了日军的追击。武士敏将军率部向北突出重围，越过白晋路，渡过了沁水。渡过沁水后，武士敏下令在河边露营，于是除了担任警戒的外，大部分战士都忙着埋锅做饭或去采挖野菜。部队在河边隐蔽了两三天，等到日军走远了，98军才开始新的行动。

6月初，98军抵达沁水东部。当时一个军就剩下7000人，剩下一个师，就是169师了。在这里有旧交陈赓等，武士敏终于感到了踏实和安全。这支军队由原西北军改编的国民革命军第98军也成为"中条山会战"之后，最后一支坚守在黄河北岸，顽强抗敌，坚持抗日的国民党正规军队。

最终，18 万的国民党军队只有 11 万人拼死撤退过黄河或者突围进入日军后方，中条山和部分岳南地区（晋城、阳城、沁水）落入日军的手中。晋东南只剩国军第 98 军和八路军。此后，日军集中兵力腾出手来开始专门对付这最后的堡垒。

第五节　开辟岳南抗日根据地

对于小东岭会议上结识的国民党军第 98 军军长武士敏，彭德怀始终关注他的政治进步。由于朱德、彭德怀的不断争取，武士敏在抗日战场上始终坚持进步、坚持团结、坚持抗战，与朱德、彭德怀的友谊也日益加深。1941 年 5 月，国民党军在中条山战役中大败后，武士敏和 98 军退入八路军太岳抗日根据地，彭德怀表示热烈欢迎。

7 月 15 日，彭德怀和左权等致电刘伯承、邓小平等，主旨是争取武士敏，发动各部向武士敏及旅团营连献旗慰问，积极争取和 98 军合作抗战，召开联欢会等，并与武士敏诚恳谈判，要求拒绝挑拨离间，在坚持团结、坚持抗战、坚持进步的原则下，我们可为其提供帮助。

岳南上接岳北，下连中条，地处太岳区的前沿，是太岳和晋豫两区联系的主要通道，战略地位非常关键。中条山战役失败后，岳南地区所有的县城重镇、交通要道、军事要地都落到了敌人手中，国民党 20 万大军或被歼灭，或南逃西撤，只有第 98 军军长武士敏率部北撤敌后坚持抗战。此时岳南地区社会秩序极度混乱，人民群众处于水深火热之中，恐日思想十分严重。日军为了支援太平洋战争，特别注意搜刮资材，到处捕捉壮丁，抢劫耕牛等牲畜，恣意烧杀抢掠，散布糜烂性毒剂残害群众，对根据地进行了灭绝人性的摧残。本地居民大批逃走，房屋一下子就空了，村庄里很少能见到人，大片土地荒芜。在此情况下，129 师根据中共中央北方局和八路军总部的命令，迅速组成太岳南进支队，不失时机地重新开辟了以冀氏、襄陵、临汾、曲沃、翼城、浮山、沁水、高平、长子九县各一部分的岳南抗日根据地。

7 月 18 日，彭德怀和左权等又致电陈赓等人，希望同武士敏在岳南区共同建立根据地，实行进步纲领，以提高人民抗日情绪，壮大太岳抗日根据地。在八路军支持下，武士敏率部重返太岳南部沁河以东地区，继续坚持对日作战。

1941 年 7 月 25 日，为了更有效地打击日军，武士敏与陈赓等在冀氏县桑曲村谈判商定，岳南地区以沁河为分界线，八路军以沁西为驻防区，第 98 军以沁河以东为驻防区，八路军及地方工作队从沁东地区撤出。98 军军部设立在沁水县东峪村，接防太岳山区。武士敏军长奉命组织"太岳党政军联合委员会"，兼任主委。

为了长期坚持抗战，武将军与八路军互相供给粮食、布匹、食油，互相通告情报，互派参观团代表团到对方参观，双方共同坚持太岳敌后抗战。从此，不仅武士敏与陈赓等上层之间书面信件时有往来，同时下层官兵的友谊也日臻敦厚。在战斗中，武士敏始终担负正面迎敌的重任，与八路军陈赓部始终紧密配合作战，互相帮助，坚持建立巩固的抗日民族统一战线，老百姓一时将岳南抗日根据地称为"真正的统一战线，国共合作的模范"。

岳南抗日根据地东为白晋线，西为同蒲线，南为曲高公路，北直接威胁日军在长治和临汾的两大据点，正因为岳南抗日根据地所处形势非常的重要，所以日军对它十分注意，对它频繁地进攻和"扫荡"。日军经常到根据地大烧大杀，残害百姓，毁坏房屋，拉走牲口，增设据点，收买汉奸，扩充伪军，企图消灭根据地的生存条件，以达到毁灭根据地的目的。日军扫荡后，根据地曾经一度萧条，一部分人抗日情绪曾一度低落，可是多数群众更加痛恨日寇。

此时，根据地存在严重危险，武士敏和陈赓率领部队在群众中间进行说服教育工作，重新发动群众。武士敏狠抓发展与壮大民兵的工作，广泛、经常地开展游击战争，并配合正规军作战。同时，武士敏对部队进行了小分队袭取据点、野战进攻及伏击、遭遇战斗等的演习，进一步提高了部队游击战的战术水平。

武士敏充分估计到日军将"扫荡"太行区，预先进行了各种准备，号召全区党政军民立即巩固根据地内部，乡村要道分别派出自卫队、青年抗日先锋队等组织的青壮年代替儿童团站岗放哨，日夜盘查行人。凡未带通行证，携枪而不带武装证及形迹可疑者，立即扣押。对武装间谍、汉奸立即逮捕，遇有抵抗者即行击毙。从此，中条山区大力发展进步力量，镇压了罪大恶极的汉奸、恶霸，开始实行减租减息。自实行这一减租减息和交租交息的土地政策后，农民和地主的生产和抗日的热情都提高了，军粮也得到了保证。经过这一系列工作之后，群众情绪恢复，抗日信心坚定，抗日积极性提高，岳南根据地渐渐地成为正规的根据地。

第八章　马头山壮烈牺牲

第一节　日军残酷的"扫荡"

岳南抗日根据地的建立、发展与巩固，是插入日军心中的一把尖刀，它已成为威胁日军侧背的重大障碍。中条山战役结束以后，日军得知 98 军主力进入太岳地区，认为该部仍然有一定战斗力，是个较大的威胁。

于是，1941 年 9 月 13 日，为了摧毁太岳区的抗日力量，日军在严格保密下，集中临汾、晋城、祁县、平遥、介休等地的主力部队 3 万多人，包括第 36、第 41 及第八师团的部队，第 4 混成旅团的高木大队与 224 联队全部。陆军和空军一起作战，配以飞机、战车、重炮等，向预定地点集结兵力，准备围攻太岳山区的 98 军，向武士敏所在的沁河两岸发起攻击。日军首先出动一二十架飞机，对我方阵地轮番轰炸，营房、库房被炸为平地，阵地上一片火海；接着，敌机开始低空扫射，因为没有防空设备，98 军伤亡惨重。随后，日军发动了地面进攻，前面是坦克，后面跟有大炮、步兵，如狼似虎地向 98 军的阵地扑来。

98 军奋勇抵抗，战争的情况非常惨烈。死伤的官兵比比皆是，东一堆、西一堆的尸体中完整的很少。血肉模糊的尸首染红了一座座山脉，沟里流的水都被血水染成红色。日本鬼子打了一批又来一批，98军的战士们一个接着一个战死，最后，几乎所有的连长、排长都牺牲了……一些战场上仅剩百余人，鲜血横流。98军一个连一个营地上战场，上去没多久就没有了，一个建制一个建制地横尸沙场，死拼到最后一人。甚至有两个重伤兵，为了不当俘虏，相互拔枪对射自尽……就是在98军一次又一次舍生忘死的坚守下，才得以保住了岳南根据地的安全。

9月22日，日军再次出动8000人，首先"扫荡"河西八路军、决死队的作战防地——浮山、翼城、隆化、沁水、四十里铺、府城、良马、鲍店、草峪地一带，以九大路，27小股的"梳形"队形，乘黑夜夜袭冀氏、马壁、西范村三地，企图一举消灭驻防在该区的八路军386旅旅部及决死一纵队的部队。98军早有准备，当即转移村外，占领高地，与日军展开了包围与反包围的战争。23日，日军和98军开始激战，到了下午4点，长治的日军又来增援，对98军作层层封锁，企图歼灭98军的主力。可是，98军却乘黄昏时分，迎着进犯的日军，平行突出重围，粉碎了日军的围歼毒计。这次战役，日军除了伤亡400多人和消耗大批弹药以外，一无所得。98军则仅伤亡连级以下指挥员60多人。

从1941年9月22日至10月5日半个月时间内，日军对

98 军，反复地进行了多次残酷的"扫荡"。当时，八路军主要驻守在太岳根据地的北部，得知日军要再次来扫荡时，驻该地的八路军当即连夜向北面撤退。八路军南进支队分析了眼前的种种情势，陈赓给武士敏送来了一封信，让武士敏撤到沁河西岸，向八路军那边靠拢，然而这封信没送到。由于之前作战伤亡太大，武士敏的 98 军随军带了不少伤兵，武军长认为不能将他们留下，不然肯定会被日军杀死，所以处理伤兵和整理部队用了几天时间，从而耽误了军机。武士敏的部队没有向西朝沁河的西岸转移，而是向东朝着马头山方向移动。但是，久经沙场的武士敏已经预料到了大战的到来，便给在西安的妻子写了一封信，信中写道："22 日凶险袭来，日寇以三万兵力铁壁合围东西峪，98 军非常危险，我已做好牺牲准备，如果我不幸捐躯，切不要悲伤。"

抗日英雄
武士敏

第二节　拒绝日军的劝降

武士敏率领第 98 军独自留在日军后方，成为了日军的眼中钉，日军软硬兼施要拔掉这枚钉子。日军此次对岳南根据地的进攻，作战方针是歼灭共军的主力，消灭根据地，对 98 军进行策反投降活动，使 98 军归顺或保持中立。如果 98 军不归顺或保持中立，日军随即准备集中兵力将其彻底消灭。

9 月下旬，日军看到 98 军与八路军联合起来，不由得感到恐慌。于是，日军决定采取分化瓦解的卑鄙伎俩，以此挑拨离间国民党 98 军与八路军之间的关系，并大肆宣传说："皇军不打 98 军，皇军愿意和 98 军一起共同打共产党。"而且，日军还送来了劝降书，让 98 军归顺。

几天后，日军的飞机又飞过 98 军的驻地上空，但是飞机上扔下来的不再是炸弹，而是纷纷扬扬的白色劝降的传单，传单上这样写着，任命武士敏为"白晋线自卫军"的总司令，限期 26 日前答复，否则将 98 军全部消灭。后来，日军又几次派飞机到 98 军驻地投掷欺骗传单：第一次要求 98 军"不打中央军，专打八路军""不配合共产党作战"，第二次要求 98 军"投降"，第三次要求 98 军"请 98 军与皇军协同消灭共产党的部队"。交换的条件也越来越丰厚，甚至要将陵川、晋城、高平等县划给 98 军。日军又制造出种种危言耸听的谣言，极力想要挑拨 98 军与八路军、决死队的团结。

"这是侮辱我武士敏！……"日军得到的是武士敏将军愤怒地痛骂："我要投降就不会在敌后坚持四年抗战，咱们是吃饭长大的，不是吓大的。"当开明的武将军看到日军无耻的信件时，洞悉日军这种各个击破的奸计。为了赢得时间，武士敏就采取一个拖延时间的办法，不予理睬、不予回答、不予肯定，将日军的劝降书放在一边，以便为即将到来的战争做好充足的

准备。同时，武军长的这一行为，也让日军误以为他在考虑。而实际上，武士敏立刻作了这样英勇而果断的答复——下令全军积极准备，坚持战斗到底，号召 98 军全力备战，准备给予日军迎头痛击。同时，武士敏军长还严禁 98 军的官兵阅览日军散发的传单，并向八路军、决死队表示愿意共同作战，和日军"拼到底"。就这样，武士敏军长以积极备战的行为，打击了日军挑拨离间的企图。

日军后来又派了几个汉奸找到武士敏和 98 军的将领，劝 98 军投降，希望其投降做伪军，并许诺要给每一个将士封官，但均遭拒绝。一次，日寇派一个认识武士敏的叛徒来劝降，武将军非常生气地说："我是一个军人，我应该死在抗日的战场！"便将叛徒扣压。日军看到没有办法逼迫武士敏投降，于是再次集中数万主力，进攻岳南根据地。

第三节　抗战到底，不成功，便成仁

1941 年 9 月下旬，悲凉的秋天过早地降临到了山西太岳山区，落叶飘零，随秋风而来的是震耳的炮火声。日军再次集中数倍于武士敏部队的兵力，启动第 41、第 36 师团 2 万多人及 18 架飞机，对长子东、西峪一带进行残酷的"扫荡"。

26 日过去了，日军进行的诱降失败。27 日，日军打算采取各个击破的方式，一面仍继续向 98 军师级以上的军官进行诱降，一面出动兵力 5000 多人分头从马壁、端氏、云首向古堆村进行合击，向英勇抗战的 98 军和八路军扫荡，准备将第 98 军包围在沁水县直径 18 公里的东峪、西峪。而此时，八路军已经撤离，这里只剩下武士敏的 98 军。

发现日军的动向后，武士敏军长当即留下一个营用于掩护主力部队转移，一面在当天晚上以极秘密迅速的行动向西转移前进，突破了日军严密布防的沁河封锁线，在西面马壁、狼寨方向，98军又遭到了两股同时向东面的石槽平行行进的日军的进攻，98军交错穿行于两股日军之间，双方的距离只不过三五里路远。

9月28日拂晓，从王壁、郑庄出犯的日军在飞机掩护下合击沙庄，再次扑了个空，98军已经撤退。日军两次扑空后，于是便全力集结于沁河沿岸及洪屯公路上，企图封锁沁河，将包围圈逐渐缩小，把98军压缩到河东地区后，再进行歼灭。

29日清晨，战场逐步移到中心圪脊、上坡岭，在山神沟、石板凹，98军的阵地几易其手，天黑时一直向北激战到马头山上。日军从冀氏、南北孔庄、卫寨、狼寨、马壁、王壁、郑庄、端氏等地出动兵力数十股共万余人，在18架飞机的配合下，对98军防区东西峪一带再次开始了总合击。因为武士敏和98军一直杳无音讯，八路军在河东预留了一支部队用来随时掩护98军进行转移。八路军的这支部队首先在将军岭与数千日军展开阻击，奋战了半天的时间。不幸的是，由于敌我兵力对比悬殊，98军寡不敌众，没有能够及时突围。

当98军行进到有群山层叠东峪和西峪东边形状如马头的马头山时，此时日军已经从四面将武士敏和他的第98军彻底包围。29日中午，战斗到最紧要关头，军长武士敏临危不惧，亲自率领警卫部队亲临马头山前沿阵地，指挥部队顽强抵抗，率领 98 军的将士们在马头山与日军血战。在不到 5 平方公里的东西峪上空，11 架敌机轮番轰炸，武士敏号召全体将士"拼杀到底，决不投降"，全军将士与日军反复正面拼搏冲杀，玉皇岭、马头山、黑虎峪、玉井山的 98 军阵地几易其手，伤亡极为惨重，只剩下五六千人，但仍奋力抵抗，顶住了日军的第一轮进攻。

此时，98 军还可以将部队分散成连排，像八路军一样突围出去，但这个想法立即被武士敏在心中否定了。此时的 98 军已经遭受了极大的伤亡，一旦改变整体的形式分散开，很可能不战就自行瓦解了，风险太大。所以武士敏当即命令 98 军再次集中部队强行突围，并亲自率领 209 团多次组织突围。此次由于日军主攻目标就是 98 军，突围自然比中条山还难上数倍。98 军的残余部队四面受敌，已经只有不到 1 个师的兵力，而四面日军 2 万多人，非常不利。

夜晚时分，日军停止攻击。为了避免全军覆灭的危险，武士敏决定冒险让部队分散突围，他将剩下的战士分成七支小分队，向外对日军进行七次冲锋突围，试图打开缺口。在战斗中，98 军毙伤日军 300 多人。黎明时分，武士敏带着两营战士已经突出日军包围圈，抵达白晋公路。武士敏听闻 169 师还没有突围出来，又回身接应。结果，日军再次发起了猛烈的进攻，武士敏将军亲临前线指挥作战，企图向东突围，但最终因为日军封锁严密，冲杀没有成功，被日军包围。

至此，马头山反包围战告终。此次战役，98军官兵1348人牺牲，3007人被俘，其余逃离脱险。169师师长王明清身受重伤，下落不明。42师参谋处长余开纬、粮服科长燕云轩、上校参议王国士、团长楚宪曾在战斗中不幸牺牲。247团团长冯汉英被俘后，押在一个小房内，半夜挣脱绳索，乘看守敌兵熟睡之时，抽出日军佩刀，杀死日军联队长、副队长各一人，后被日军发现，枪杀于屋檐下。"拼到底！"这是武士敏将军的号召，"拼到底！"也成了98军数千官兵的一致誓言。在武士敏将军英勇而坚定的指挥下，98军全体将士反复冲杀，浴血奋战，在西梁山上，他们为国家和民族流了宝贵的鲜血，他们在"拼"，在向日军索取最高代价。武将军虽然身负重伤，仍然奋勇指挥。第98军的广大官兵在抗日战争中担负起了保卫国土的神圣职责，以他们的鲜血和对国家、民族的忠诚，谱写了壮烈的诗篇。

第四节　赢得日军尊敬

日军与国军第98军在马头山相遇，主战场不足16平方公里，包围与反包围争夺进行了整整3天。战斗中，日军集中主力部队进攻武士敏的军部。武士敏军长奋力冲杀，腿部中弹后，依然继续坚持，所在山头几乎被日军火炮轰炸成为一片焦土，身边的卫士仅有两人还没有受伤。在关键时刻，武士敏军长亲手持一挺机枪指挥突围，腰部、腿部不幸受伤。

30日，98军伤亡极其惨重，激战时，武士敏因劳累加上身体庞大，已不能跑动，武兆元营长当即背起他转移。当正要突破敌的火力封锁线时，高地上日军一发子弹打来，从武士敏右耳穿过颌骨，也击伤了武营长的头部。两个人跌落地上，鲜血淋漓，等苏醒后武兆元忙把武军长移至隐蔽处包扎，此时武军长的身体已经非常虚弱。武士敏作为一名有职业操守的军人，受伤后，他明白自己已经不能生还，他不愿被日军俘虏，微弱地呼喊道："拼到底，不成功，便成仁！"然后，便要开枪自尽。"98军永远以国家民族利益为第一""98军永远不为日军所利用""我的志愿未完成，请为我继续完成！""永远不要忘记八路军、决死队是我们的好朋友"，武将军临危时在西梁山上给他的部下留下了四句知心话。

武兆元背着颤颤发抖的武士敏仍然往前跑，希望寻找一个安全隐蔽的地方保护军长的安全。这时日军已紧紧追赶在身后，武兆元清楚地听到"缴枪不杀"的喊话声音。在东峪村西岭上日军追上了背着武士敏的武兆元，而这时军长已是气息奄奄了。

日军问武兆元："背的是什么人？"

　　武兆元说："我们 98 军武士敏军长！"日军听说是武士敏军长，便用无线电喊话，很快，日军叫来卫生兵给军长注射药物，包扎伤口，同时也给武兆元营长包扎了一下，又很快找来担架让士兵抬着武士敏往东峪村走……武士敏由于重伤，被安置在当地的潞安医院。在 10 月 1 日，武士敏因为流血不止，失血过多，壮烈殉国，年仅 49 岁。

　　曾经和武士敏将军交战的日军知道武军长殉国的事情以后，虽然是日军，他们也非常钦佩武士敏这种临死不屈，为国牺牲的英雄。当武军长的遗体被抬到日军军官面前时，日军指挥官首先向武军长的遗体行了军礼，又庄重地命令全体日军官兵集体行军礼，列队向武士敏的遗体告别。之后，武士敏军长的遗体被送到长子的石哲。

10月1日，日军对武士敏给予了极高的礼遇和尊重——准备了一口上好的白木棺材，将武士敏的遗体装殓后，用汽车运往了长治城第36师团所在地厚葬。日军在城西南角为武士敏将军设置灵堂，举行了较为正规的葬礼，请风水先生为武军长点了穴。上党道尹和伪县署等众多官员都出席了葬礼，日军还雇请了中日僧人为武士敏将军超度、奏佛乐。在太阳落山时，在长治城一古塔附近，日军将武士敏的棺木埋在七尺深的墓穴下。武兆元营长又亲自下到穴下，与武军长做最后的告别。然后，日军将墓穴填好土，起好丘，在墓上立下一段木桩，上面写着"武士敏将军之墓"。6天后，日伪《太原新闻》用图文报道了这件事。

然而，直到10月3日，日军仍集结在东西峪一带，继续搜索98军零星抵抗的官兵。这时，我八路军配合决死队立即率领部队原地返回进行反击，从外线对日军采取了大包围。在八路军和决死队的顽强战斗下，早就惧怕八路军的日军，对于战斗的畏难情绪更加明显。不久，日军就被八路军包围，便四处抱头鼠窜。5日，八路军和决死队终于粉碎了日军对岳南的"扫荡"。

第五节　全国抗日军民悲痛不已

　　武士敏在抗日战场流尽了最后一滴血，他所率领的国民革命军第98军将士，用自己的牺牲支持了友军。全国抗日军民听到武士敏将军牺牲的消息后，没有不悲痛万分的。为了纪念这位著名的抗日爱国将领，当时《新华日报》华北版分别写了消息报道和社论及悼念的文章，指出武士敏将军是一位具有远见卓识的军事家，也是一位始终与八路军精诚团结，并肩作战，共同打击日本侵略者而壮烈殉国的抗日英雄。武士敏军长牺牲后，国民政府在西安为其举行了隆重的追悼会，并追认他为陆军上将，抗战胜利后又特颁荣字第一六号荣哀状，以褒奖武士敏的忠诚，赞扬他牺牲的壮烈。

　　1941年12月，为纪念和表彰在抗日战争中牺牲的爱国将领武士敏将军的英雄事迹，以刘伯承、邓小平为领导的晋冀鲁豫边区党政军机关追认武士敏将军为革命烈士，要求各级政府广泛宣传武士敏将军的抗日功绩，褒奖武将军崇高的爱国抗日行为，发扬武士敏将军的坚持团结合作，共同抗日的精神，并发出通令决定将武士敏将军牺牲地沁水东部的瑞氏县改为"士敏县"。

　　1942年1月28日，晋冀鲁豫边区政府党政军民为反抗日本帝国主义侵略者而壮烈牺牲的英雄武士敏将军举行了追悼

131

抗日英雄

武士敏

大会，并用书信邀请了边区临时参议会举行全边区追悼大会，筹建武将军抗日纪念塔。八路军副总参谋长左权为武士敏将军敬献了挽联，痛悼武士敏将军，概括了这位抗日名将一生的光荣业绩。

联云：

尽忠于民族国家，努力求团结进步，磊落奇才，一世如君有几？

坚持在敌后抗战，英勇至杀身成仁，感怀将略，数年知己情深！

为悼念抗日爱国将领武士敏，1942 年，晋冀鲁豫边区政府将游击队改为士敏县大队，1943 年，整编为士敏独立营。1944 年，群众自愿参军，加入独立营，又发展为当地的士敏独立团。1945 年，士敏独立团随同刘伯承、邓小平领导的主力部队，顽强战斗，在上党战役中取得了不朽的功绩。

1941 年 11 月，蒋介石将 98 军少量残部收拢后重建该军，国民党军委会调黄埔一期生刘希程继任第 98 军军长，归胡宗南指挥。原陕籍的 169 师师长郭仰汾和 42 师师长王明钦等将领愤然辞职。大部分陕籍官兵调到宝鸡、汉中改编，由此 98 军变为一支中央军部队。后来，98 军被调至广西。1943 年 2 月到 1944 年 12 月，98 军先后参加了鄂西会战、桂柳会战。

1944年12月，国民党军队进行整编时，将第98军的番号撤销，所辖部队缩编为第169师，隶属第26军。之后，98军被调往西南地区，归入远征军，驻守滇西，全军官兵为国家流尽了最后一滴血。

第98军历经娘子关、子洪口、忻州、沁源天神诸大战役，重创日军，战果辉煌，名扬山西。武士敏将军与共产党密切配合，为中华民族做出了抗战史上的重大贡献，历史将永载武士敏将军的爱国主义精神。

第六节　遗骨重新安葬

1981年，中华人民共和国民政部追认武士敏为革命烈士，并颁发了革命烈士证书。在祖国宝岛台湾的台北市的忠烈祠里，也敬奉着武士敏将军的灵位。原中国国民党党史委员会主任委员秦孝仪为纪念武士敏将军抗日殉国四十周年曾赋诗一首："慷慨与同盟，匡时仗剑行。安危吾党重，忧乐此身轻。抗日丹心在，惊天碧血呈。阴山今渡马，怅绝失龙城。"

在山西省人民政府的领导下，长治市人民政府和市政协多次组织专人查访寻找武士敏将军的遗骨。经过较长时间的调查访问，终于在1984年5月中旬，在长治市西南城墙脚下找到了武将军的遗骨。1984年11月29日，山西省人民政府和省政协在长治市举行了隆重的仪式，并将武将军的遗骨重新安葬在"太行太岳烈士陵园"内。新修建的武士敏将军墓与八路军副总参谋长左权将军的墓相距不远，墓区占地 2500 平方米。在仪式当天，共有 600 多人参加，武将军在海外的儿女发来悼函，武士敏的儿子武铁先生，全国政协副秘书长、杨虎城之子杨拯民先生也亲临了现场，山西省政协副主席潘瑞征主持了仪式，省长王森浩致悼词，并称武士敏为"党的良友"。中央、省、晋东南及长治市党政军要人、各界人士及 100 余名少年列队绕墓一周，往墓丘上轻放白花，寄托哀思，可谓"长城内外慰壮士，海峡两岸传知音"。从中可以看出，武士敏在人民心中的地位，以及武士敏将军的崇高的爱国主义精神。

武士敏将军是爱国将领，是原 17 路军中牺牲的最高军衔的将领，是伟大的民族英雄。在武士敏的故乡怀安县，县政府把他的故居整修得焕然一新，建立了"武士敏将军故居纪念馆"，成为爱国主义教育基地。四集电视连续剧《武士敏》，在中央电视台等数个频道多次播放，武士敏这位爱国将领的英名传遍了中华大地。武士敏的一片丹心，表现了中华民族不屈服于侵略者的浩然正气，我们将永远怀念他，武将军的英雄事迹将永载中华民族的英烈史册。